一切的矛盾、对错、好坏
在庄子的世界里都不重要，
"养生主"正反而言亦是。
就如您在这本书的封面和封底看到的一样。
所以，您在小梁的笔记里看到的
一切矛盾、对错、好坏也是自然的了。

梁冬私房笔记

梁 冬 ◎ 著

梁冬说庄子。

养生主

SPM 南方出版传媒 广东人民出版社

·广州·

岁月不是一把杀猪刀

我们为什么活得不自在

自在最养生，自在最养命，因为，自在虽然世间罕见，却是人一生中拯救老病死的唯一灵丹妙药。

我们为什么不自在？为什么自在世间罕见？

人不自在的原因是，我们内心里"应该成为的人"与"活该成为的人"产生了矛盾，而又没有足够的智慧把"活该"活成"应该"。

当下，我们在任何社群中都隐隐地被要求，比如朋友圈的一些"潜规则"。你会发现，自己总是有意无意地被社会关系网所操纵。大家觉得"应该"遵守这样的规则，但你在骨子里面又不甘心于此，这是每个人内在的矛盾，表现出来就是"不自在"。

比如，大家是同学，一起毕业。一段时间之后，有个人比你的官职高，同学聚会的时候，你就是不自在的，你觉得自己应该跟他一样都混到局级，结果却还是个副处级。反过来，那个混到局级的人在一个副处级同学面前，他就自在了。

再比如，大学毕业的时候，大家的钱都差不多。然而，别人由于种种原因，早早被逼着在北京三环以内买了一套房子。你呢，当时没有被逼着买房子，而且你自己也犹豫了一下，现在，你连北京五环以外的房子都买不起了。那个人还常常很不经意地说，最近又有中介打电话问他，三环以内的那套房子一千五百万卖不卖。这个时候，即使你有八百万存在账上，都会觉得难受——本应该有却活成了没有，于是就不自在了。

这些都只是表象，还有一种状态，假设大家有一样的房子，有一样的车子，有长得一样漂亮的爱人，有一样健康的身体，有一样聪明的孩子，也就是什么条件都一样的时候，结果你发现，他还是比你快乐，你又不自在了——他跟我一样，凭什么还觉得自己很快乐，觉得自己很幸福？于是你觉得自己还不够，就又不自在了。其实，这就是你暗暗地给自己捅了一刀。**这个世界上没有人能伤害你，真正捅刀的都是自己。**

有一个著名的例子：一个保险推销员第一次拜访客户的时候，被别人赶出来了，他觉得很受伤。然而，时间长了以后，再被别人赶出来，他也不觉得受伤。为什么之前觉得受伤，现在就不会了呢？因为他觉得自己当时被赶出来是应该的。

所以，我们常常不自觉地活在了一种期待——应该成为什么样的人的心态中。当你有了"自己应该成为什么样"的心态时，就跟"自己活该成为什么样"的状态产生了矛盾。

谁的人生没有委屈

如何才能克服这种矛盾？有两个方法：

第一，努力地活成你应该成为的那个样子；

第二，你觉察到自己"应该成为什么样的人"这种想法很虚幻，没有意义，并且看到表面比你幸福之人不幸福的那一面，你就舒服了，就自在了——这是因为你建立了"多元视角"。

为什么看过很多厉害人物不幸的一面的人总是活得比较自在呢？是因为他们能够像一个多维度的透视镜一样，从好多维度看到在一个维度上看不到的东西。可以从前后左右来看，甚至从里面看到种种，这就是佛学的观想法之一种。比如，如何跳出对美女的执着呢？你可以观想，她其实只不过是一堆白骨而已——白骨观。

我们总是不能看到各种人生的状态，其实，当你越能够了解别人风光背后的不容易时，就越能够释然。

现在，很多人因为看了别人在国外山清水秀的地方拍的照片，都在问是不是应该移民。他们看到别人一会儿开着游艇出海，一会儿去打猎，一会儿去打高尔夫球，一会儿去加拿大钓阿拉斯加蟹（一天用一些虾能钓一筐蟹）……你看到这些就觉得国外特别好，但你没有看到他们活得有多苦——没有淘宝，没有滴滴，没人陪着喝酒，没有麻辣小龙虾，没有熘肥肠，吃个火锅还要开一百公里的车，连在朋友圈里和中国朋友聊天都要熬夜……

还有很多人羡慕孩子成绩很好的父母，那些孩子都是学霸，考上了哈佛或者剑桥。但是，你不知道那些孩子面对的都是最优秀的各国学霸，而且他们还每天通宵达旦地写 paper（论文），据说哈佛的学生平均只能睡五个小时……

我再举个简单的例子，很多人都认为凤凰卫视的主持人非常风光，能够和领导、成功人士交谈，在电视屏幕上展现智慧与美貌，其实……

当年，我们在凤凰卫视的九楼讨论稿子。突然，一个同事从屋里面冲出来，说："啊，有人倒在地上了！"原来，某著名女主播由于太累，从屋里走出来的时候晕倒了。然后，很多人帮忙掐人中、打电话叫救护车。身为主播，长时间熬夜加班，有时早班、有时晚班，生活没有规律，为了被观众看到屏幕上那种饱满的精气神，他们真的很拼命。

所以，每当有人对我说做凤凰卫视主播多么好的时候，我会说："别的我不知道，起码我知道你们看到的风光背后都是疯狂。"

演艺更是严重透支体力的职业，拍戏是很辛苦的。有时候，凌晨三点钟就要起来化妆。甭管演员在现实中多么愉快，他们拍戏的时候，做的可不是一般的体力活，是累到吐血啊！还有一些相声演员，即使家里面正在办丧事，一旦需要上台去抖包袱让观众笑，他们也必须展现欢乐的一面……

大部分时间，你看到的都是别人欢乐的一面，如果你有机会看到别人很多面的时候，自然而然地就会产生深切的同情、悲悯，而非妒忌。

我祝愿你一百个梦想都不会实现……

"自在"就是当你学会了用不同的角度看问题之后，自然而然产生的，既不是很好也不是很坏——任何很好都可能很坏，任何很坏也可能很好的一种"不以物喜不以己悲"的情绪沉默状态。

当你自己也经历过荣辱之后，那种追求"应该"的状态就没有了，因为你知道世界没有应该，全是活该活成那个样子。

简单地说，这个活该就是和合，是各种因缘和合之后的相。而那个应该，只是你内在想象的那样。

智者说，我祝愿你一百个梦想都不会实现，我祝愿你按照内心的想法去认真地活好每一天，所有你想都不敢想的梦想就会以奇迹般的方式实现。所以，努力是一件很奇怪的事情，努力不是内心念念不忘你应该要成为的样子，而是你现在就应该专注做件事儿，活该就做这件事儿了，至于这件事儿会以什么样的结果呈现，其中有很复杂的因缘，不能强求。

我越来越理解姚仁喜先生（《正见》译者）说的，宗萨蒋扬钦哲仁波切是有宏大视野的人，从本质上来说，他站在不同的角度、不同的时间里看到了各种可能性，所以就没有那么纠结。

我们现代人一直不知道什么是应该、什么是活该的活法，不知道什么是虚妄的，不知道现实和理想的差别。

读书主要读"人书"

有一段时间，我自己有体会：真正读书还是要读"人书"，去和真正活明白的人共同生活，看他们日常的状态——听其言观其行，看他们怎么待人接物，怎么处理复杂的问题。

蔡志忠老师（漫画家）就是这样的人，他好像做什么都能够不费吹灰之力。比如，他每天凌晨两点钟就起床了，但你不觉得他累，他也不生病；夏天穿一件衬衣，不出汗，冬天也是这件衬衣，也不冷；而且他还不穿袜子，也永远是穿那条裤子。但是，他想跟谁聊天就能跟谁聊天，他想得到什么就能得到什么，如果他想赚五千万就能赚五千万（但他不起妄念），想捐钱就能捐钱，他很自在。

他收我为徒后，说的第一句话是："做我的学生没有压力，因为不需要定时来。我没有手机，你不需要找我，你也找不着我。逢年过节，你不需要给我钱，不需要给我请安，什么都不需要。只需要承认，我是你老师，你是我学生就可以了。"

当时，我刚动了一定要做他学生的念头，他就和我说："我可不可以收你为学生？"所以，我们就达成了这件事——其实，古代都是老师找学生的。有什么应该不应该的？都是自然而然，水到渠成。一切事情都是这样的。

除了读人书，还要读历史、读经典，而且要读古书里面的各类书，不能只读《庄子》，还得读《大学》《中庸》《易经》等，你还得知道历史真相的 A 面和 B

面，否则，只读《庄子》的人很容易活成鲁迅所批评的人——"哀其不幸，怒其不争"，甚至有了阿 Q 的味道。但是，光是"争"的时候，你又不自在，所以读书就需要杂，精神膳食也要营养均衡。这样才能不争而争，无为而为。

随时让自己聪明，随时让自己变笨

以前，我们觉得世界是无常的，甚至还有点儿无奈。然后，把自己内心的无常，转化为一种入世的技巧，随时让自己成为君子，随时让自己变成小人；随时让自己聪明，随时让自己变笨。

基本上，在庄子的世界观里面，世界就是一款超级 VR 游戏。在这款虚拟游戏里面，你可以不受游戏规则的控制来玩这个游戏。但是，游戏总是有 bug 的，一些真正的游戏玩家玩通关好几次之后，就会试着跳出游戏，看别人傻傻地玩的样子。

所谓有智慧的人，他们出入世间很多次，就像已经玩过好多次游戏的人，自然而然就会有开始玩游戏时不那么慌、结束游戏时也不那么惨的心智状态，因为他们知道这个游戏结束了还会再次开始，开始后必然饱受折磨。

在《养生主》里，庄子认为，岁月不是一把杀猪刀，你才是，为什么？因为你要像一把游走于世间的刀。既要解决问题，又不被问题和麻烦所伤害，几十年下来，居然还能像新磨出来的那样，完好如初。《养生主》真正要告诉我们什么呢？要想活得好好的，要想自在，你就要在世间游刃有余。

这仅仅是梁同学的私房笔记，必有各种不究竟，恳请斧正。

梁冬（太安）

2017丁酉年秋于自在喜舍

养生主

目录

养生主

养生主。

面对未知的世界，我们可以采取两种态度。一种态度是歇着，另一种态度是学一点儿，并赶紧将其转换成某种能力。

第一章

冥冥中，
是谁在掌控我们的命运

吾生也有涯，

而知也无涯，

以有涯随无涯，

殆已！

已而为知者，

殆而已矣！

为善无近名，

为恶无近刑。

"养生"究竟养的什么"生"

现在，当我们凝视"养生"这两个字的时候，总是有一种陌生的熟悉感。因为养生这些年被极度庸俗化了。不过，养生本来就是一个至广大、至神圣又至平凡的事，全民都在养生不是一件坏事。其实，这只是一个概念，而**我们人生真正要做的事，就是破除一切概念对我们的精神绑架。**

"养生"究竟是什么呢？我做了差不多小十年与医疗相关的投资，在前前后后与数千位大夫或修行者的交谈中，我常常会问大家一个问题："我们可以养猫、养狗，甚至在手机里养贪吃蛇、养宠物小精灵……那么，请问养生和养这些小动物有什么区别？"

如果我们把"生"当成一个独立的东西，你就会发现，"养生"是一件神奇而有趣的事情。

"养者，阳也"。汉字有一个特点，发音类似的汉字可以相互做注释。从某种程度上来说，抚养的"养"和阴阳的"阳"有类似之处。在身体里面的"阳"负责生发、生长，恰好"养"也有令其生发、生长的意思。

那么，"生"是不是某样东西呢？它需要我们像养孩子或植物那样去养吗？"生"，是什么意思？其实各有解释。有一种观点：有可能"生"的意思是上面一个"牛"，下面一个"一"，视为"牛一"。

老子在《道德经》里面讲"玄牝之门"的时候，讲到大道是这样说的："谷神不死，是谓玄牝。玄牝之门，是谓天地根。绵绵若存，用之不勤。"这是比喻的说法。"牝"就是母牛，"玄牝"就是母牛的产道。老子把产生宇宙的大道比喻为牛。"牛"就是无名大道的状态，重新生出一，一生出二，二生出三，三生出万物，万物又会群龙无首，又会混沌，混沌之后又重新回到无序，所以是这个过程。"牛"下面的"一"，就是从无到有的"一"，那一刻甚至是很临界的状态。所以，**"牛"就是无相无形的大道，下面的"一"就是从无到有的变化过程，于是叫"生"。**

如果"生"是名词，也许是我们生命的各种生长素、免疫系统的总称。

如果"生"是副词，那也许指的就是随时让系统变化的状态。

"生"和"神"之间是什么关系

　　"生"和"神"之间有什么关系呢？值得注意的是，这里所说的"神"不是现代西方宗教里的"God"，而是我和徐文兵老师在讲《黄帝内经说什么》的时候，他理解的"引申万物者可视为神"。"神"字右边的"申"就是引申万物的意思。

　　究竟是什么东西让一切得以生发？那个让任何事物得以生发的原始驱动力，如果是名词，它是什么东西？如果是动词，它又是如何发生的？生命在身体里是如何运行的？它可以改变宿主吗？它有独立意志吗？

《养生主》就是一篇探讨这个问题的文章。

试想一下，是什么让手机开机之后，就可以按照流程设置密码、连接 WiFi、发送信息……我们买回来的手机里面什么软件都没有装的话，它还是手机吗？如果有一天，手机里面的一切信息甚至连驱动程序都没有了，那么它还能够被称为手机吗？想必它只是一块由玻璃和金属材质构成的扁扁的长方体而已吧。

那个让硬件变成可以上网、可以存储朋友圈照片、可以让你的手机号被其他人辩认出来的东西，和"生命"有何相关呢？

"养生主"除了"养"和"生"以外，还有一个"主"。什么是主呢？解读文字的最后一页告诉你。

将不属于自己的东西排除出去，
把自己需要的东西吸收进来

　　庄子一直在思考，到底是什么令一个人或者有生命的东西可以被驱动，可以与其他生命交换信息、物质和能量，可以因为环境的变化而自我变化，可以将不属于自己的东西排除出去，把自己需要的东西吸收进来？

　　曾经，我花很长时间思考一个问题——是什么东西，令我们的体重在一段时间内保持在相差一公斤左右？你可以在浴室里面放一个体重秤，每次洗完澡、擦干水、不穿衣服去称净重的话，你会发现体重几乎差不多。如果一个人在一段时间内暴肥或者暴瘦，都不是因为多吃了几个榴莲，或者多吃了几包泻药导致的。这肯定是内在某个机制发生问题之后产生的结果。

《养生主》的文章不长。一开始，庄子就抛出了"吾生也有涯，而知也无涯，以有涯随无涯，殆已"。

很小的时候，我就在家里的墙上看到"学海无涯苦作舟"的字幅。所以，我总是认为，面对无穷的知识应该努力、积极地去学习，哪怕辛苦一点儿，总是可以从此岸到彼岸。当时，我根本不知道，庄子并不是让我们去超越、去努力。其实，他的意思是，别折腾了，歇吧。

冯学成老师在《禅说庄子》中讲过，如果是超负荷地运转，不要命地去搞这些学那些，还认为自己聪明能干，自不量力地去做，去有所为，就像夸父逐日、精卫填海一样拼命去追求，那就是费力不讨好，搞不好，还会把自己逼到绝路上去！

但是，《未来简史》的作者尤瓦尔·赫拉利又反复强调，人类必须对自己不知道的部分保持清醒的认识。

你要知道，绝大部分事情是你还未了解的，所以一定不要骄傲自满。

面对未知的世界，我们可以采取两种态度。一种态度是歇着（庄子），另一种态度是学一点儿，并赶紧将其转换成某种能力（孔子——学而时习之）。知识多点儿少点儿不重要，重要的是有能力才有价值。

而《未来简史》里提出了第三种可能性：明明知道未来有很多东西是我们不知道的，但我们还是永远需要keep hungry（保持饥饿感），去持续学习。这就是现代科学所提倡的世界观，于是有了大数据和人工智能。

小梁并不认为以上哪种态度更高级一些，学习《庄子》，就是要破除对哪个特别好、哪个特别不好的判断。

"解决不了又如何"

"吾生也有涯"究竟是什么意思？实际上，这有点儿像你买了一部 16G 内存的手机，却要下载各种视频和 APP，那么，你自然而然就会发现，内存满了，手机崩溃了。

讲到这里，我们真的应该感谢互联网时代。因为庄子讲的每一句话，我们都可以用互联网的生活体验来寻找到某种对应。

一旦想到所有问题都不可能得到解决，甚至解决问题的时候可能还会产生新的问题，你就不会那么焦虑了。

"解决不了又如何",反复地念这句话,你自然而然就会释然许多。

不会又如何,难道不是这样吗?如果你保持一颗出离心的话,真的不会又如何呢?结果是什么?结果是可以让你今晚睡个好觉。第二天早上起来,昨天没有解决的事情,还放在那儿,但你的心情不一样了。你有一种不知道哪里来的似乎可以解决它的信心,有一种非常乐观的态度去面对任何困难。

窃以为,这一晚死睡长出来的信心和态度(仅仅是信心和态度)就是一种形态的"生"。

人生内存有限，
要学会上传、下载和及时清除信息

　　一个人的内存空间和运行时间是有限的——"吾生也有涯"。但是，云端的数据实在太多，而且每天还不断地涌现新的知识和应用，即使用一个 16G、32G、64G、128G 乃至 256G 内存的手机，也是装不下的。

　　其实，庄子一开始就告诉你，你的手机是有固定内存的。所以，**你已经知道内存有限，还想不停地下载各种应用，不是很危险吗**——"以有涯随无涯，殆已"。现在，就连孩子都知道，不需要把所有东西都存储到电脑里面，我们只需要学会两件事情：第一，随时下载；第二，

随时连接网络。

我见过一些有收藏癖的人，他们在家里面用几十个大硬盘存各种电影，并分别在上面贴上照片和标签用来分类。

还有一些人，他们用容量特别大的内存卡，把手机里的照片全部储存下来。我们家"领导"由于不知道如何将苹果手机里面的照片导进 Windows 系统的电脑里，甚至还专门买了一台苹果电脑——用来储存苹果手机导出来的照片。就目前的情况来看，仅仅是储存照片还好。如果很快要发展到 3D 全息影像，那个数据量才叫可怕啊。

不管你有多大的本地存储和运算能力，面对永无止境的云端，其实都是毫无意义的。庄子在很多年前就提醒我们，要学会上传、下载和及时清除信息。

最近，我常常收到一些人在微信里发的消息，"×××（我的网名），我正在清理朋友圈，勿回。"看到这里，刚开始我还很生气——他还要清理我。后来，我特别理解，其实人家就是定时清理一下内存，因为手机内存不够用了。

一旦理解了本地存储容量小和运算效率低下的客观事实，你就能够理解小程序是如何应运而生的。微信的小程序就是"用完即走"（不需要下载安装）的应用程序。当然，目前在一些关于互联网的评论里面，常常对小程序的运用是否成功保持怀疑的态度。但我坚信，张小龙兄（微信创始人）设计这个理念，就是充分理解了现代人对于把任何东西都下载到本地的恐惧。

试想一下，我们的手机里能装下多少个 APP？一些人下载了好几屏的应用，时间一长，连自己都不清楚到底装过了哪些 APP。

我可不是在跑题，我讲的恰恰是《养生主》开头讲的事情。庄子就是告诉我们要做"轻终端"，只保留上传和下载功能，把存储、计算、服务等功能都扔到云端。

亚马逊、百度、腾讯、阿里巴巴之所以都在大力发展云存储和云服务，就是因为任何本地化的存储服务，都会面临"殆而已矣"的情况。

做了善事不贪图名声，
做了坏事却不至于受到刑戮的惩罚

后面，又有一句话："为善无近名，为恶无近刑。"

也就是说，做了善事不贪图名声，做了坏事却不至于受到刑戮的惩罚。遵从中正之路并把它作为为人处世的常法，这样才可以保全自身，保全性命，可以赡养父母，享尽天年。

南老（南怀瑾老师）在《庄子諵譁》中讲："做善事应该做到没得名气，人家不晓得你在做善事。做坏事，有时人也难免，世界上没有一个真正的善人，每一个人内在私心，或生活上总有些不对的地方，但是不会达到犯法的边缘，不会达到打击、痛苦、失败到极点那个边缘。换句话说，就是善恶之间恰到好处。你说，这个人好吗？好不到哪里去。坏吗？也不坏，也不算太好，表面上看起来还是这两句话。"

为什么庄子会突然说出这两句话？我可以将其转换为现实的场景帮助大家理解。

假如你关注了一些讲好人好事的微信公众号，并下载了其中一些片段，你也不要到处跟别人说自己又经历了几个小时的优秀思想熏陶。如果你偶尔看一看朋友圈里面发的一些不宜传播的图片或视频，也不至于因此感到惴惴不安。

道家在很多方面都"不尚贤"，既不认为好人有多么好，也不认为坏人有多么坏。

同样的道理，站在人世间的大舞台上，面对好人坏人、好事坏事的时候，我们常常会发现这些仅仅是一些角色和情节而已。很多在电视剧里面演好男人的人，不也被

"朝阳群众"举报了吗？在电视剧里面演坏人的人，在被送去八宝山的时候，不也被认为是表演艺术家吗？他们就是扮演了坏人的角色而已。为了让大家看得过瘾，他们无数次在电影和电视剧里面被枪决，其实也不容易。

HBO 的电视剧《西部世界》(*West World*)讲述的是某游戏公司创建了一个虚拟世界，在这个世界里都是机器人，可以任人杀戮。我们在看 HBO 编剧编的故事，而故事中的团队在做游戏公司的故事设计，设计故事的人又设计一些人在虚拟世界里做游戏……就是这样以一层层的故事延展下去。如果把每一层故事里的好人或者坏人，放在另外一个层面来看，都是没有意义的——好坏都只是某个层面上的相对价值。

理解这些以后，你就不会那么坚定地对好人抱持某种傻傻的崇拜。同样，你也不会对坏人抱持"腾"一下子起来的怒火中烧。因为你明白，我们都只不过是在不同层面、不同维度的演员罢了。

道家就是这样看世界的，所以才有了"为善无近名，为恶无近刑"的善恶态度。

　　请放下关于善恶的标准，做好事不要沾沾自喜，偶尔做点儿小坏事也无须纠结。这不是道德的产物，而是智慧和眼界的结果。

　　庄子开篇用了"无涯"和"善恶"两句话，讲了不要作（zuō）和不要因善恶而纠结伤身的无上心法。

养生主。

任何一件事情被过分地强调，
都很有可能走向这件事情本身的对立面。

第二章

过分地做好事或者坏事，

都很危险

缘督以为经，
可以保身，
可以全生，
可以养亲，
可以尽年。

无论做好事还是坏事，
都要大致靠个谱儿

通过上一篇讲的"为善无近名，为恶无近刑"，我们知道道家对善恶没有清晰的界定，不是因为他们没有道德观，而是他们能够在不同的层面看待所谓善恶。

那么，如何才能够做到"为善无近名，为恶无近刑"呢？庄子给出了很有意思的答案——"缘督以为经"。

"督"是"督脉"，指的是身体背后的中轴线。以此为基准，就可以保护身体、保全生命，活一辈子而保持身体不受到伤害。另外，还可以养护精神、尽享天年。

我是一个口头的"巴菲特主义者"——未必能做到，但我终身以巴菲特的价值投资论作为自己内在价值观的一部分。

什么叫作"价值投资论"？巴菲特这一派的投资者倾向于：无论市场内部消息以及政治、经济、文化、技术等外部环境如何，一家公司值不值得投资是有基础价值的，就是公司长期产生利润的能力。简而言之，当买入或者卖出某只股票的时候，你必须沿着一条价值基本的中轴线来做判断——这是巴菲特的"督脉"。

无论做好事还是坏事，都要大致靠个谱儿，大致还是要遵循中道。对于做坏事做得太过分会受到惩罚，我们很容易理解。但是，做好事做得太狠，也会受到惩罚，你相信吗？

做"好"事做得太狠，也会受到惩罚

以前，小梁很不自量力，碰到一些自己很喜欢的人，便非常狂热地逢人就表扬他们，恨不得到处推广他们的能力，认为自己承担着推广好人好事、传播中国文化的责任。

前些年，我认识了一位朋友，他在推广拉筋拍打的医术。我自己也试过拍打，并拍出过很多瘀点，甚至导致身体的某些部位非常疼痛（不过之后会有所缓解）。于是我很兴奋，便积极地在电台、电视台等媒体上推广这位朋友（居然纯义务）。

后来慢慢慢慢地，我发现自己诚挚而毫无利益去做的这件事情未必是对的。因为这位朋友已经把拉筋拍打神化了——包治千病万病，没有人不适合拍打。

当他这样讲的时候，问题就来了，到处都充斥着关于他没治好病，甚至由于拍打把人拍死的新闻。他从台湾拍到欧洲，从欧洲拍到美国，又从美国拍到澳洲。如果拍打真的没有任何效果，怎么会有那么多人去学习并使用呢？但是，如果说它能够治一切病、度一切苦厄、远离颠倒梦想、达到究竟涅槃、成就三世诸佛……肯定就过分了。

这就是没有"缘督以为经"。**不以基础价值为核心轴而过分地做好事或者坏事，都是很危险的。任何一件事情被过分地强调，都很有可能走向这件事情本身的对立面。**

现在，我总是非常谨慎地向公众推荐中医大夫，因为我终于理解了"医不叩门"意味着什么。我常常在医馆里面说："好火锅自己会说话，好大夫自己就有病人，无须推广。"所以，我们会一直注意节省地使用推荐大夫这种能力。

不过，读书也不能读死，我想和大家分享一下我对《庄子》的真实感受。大致可以概括为以下三点：

第一，庄子并不是永远像他在书里面所呈现出来的那样逍遥。以我的观察，在写这些内容的时候他是逍遥的，而不写这些内容或他老婆站在旁边的时候，他可能是很不逍遥的。

第二，我对庄子"缘督以为经"的基本认识是，他讲的对世界相对不努力、不积极的态度，可能和他当时所处的社会角色以及物质程度有关。我们学习《庄子》，并不是对它的思想全盘接受，而是去体会当时的状况并对照自己，因为它是我们的一面镜子。

第三，庄子所谓"督"——中轴线，究竟是什么呢？其实，庄子也是有对手的，那个人就是惠子。他是战国时期非常著名的逻辑学家，如果把他放在古希腊，估计他能够成为亚里士多德似的人物。惠子是庄子的对立面，他们亦敌亦友。如果当时没有惠子的话，庄子可能会把道理讲得更有逻辑。

一般情况下，在家庭里面，妻子往往是丈夫的对立面。正因为妻子太勤劳，才养成丈夫在家里面好逸恶劳的习惯；正因为妻子太正直，才养成丈夫是非不分的习惯；正因为妻子太果敢，才形成丈夫不够爽快的局面。其实，丈夫也有勤劳的地方、正直的部分以及果敢的时候，只不过这些都被推到了对立面。

所以，我们也要看到《庄子》的全然。

在读《庄子》的时候，小梁常常会享受到和一个遥远的聪明朋友调侃的乐趣。当学会调侃比自己聪明一百倍的人时，你就获得了超越对知识执着和自卑的能力。

读书最大的乐趣，就是体会写书人的生命状态。他写的每个字都代表了他的愿望，也反映了他还没达到这种状态的无奈。

养生的好处——
"保身""全生""养亲""尽年"

庄子提到"养生"这个话题，他认为只要你能够做到"为善无近名，为恶无近刑，缘督以为经"的话，就表示养生养得好。

养生有什么好处呢？

第一，"可以保身"，身体不至于受到伤害。

古时候，一个人不小心的话，很可能会被挖掉一只眼睛或被砍断一根手指，这件事很可怕。有一次，王东岳老师讲汉字的时候，谈到"人"和"民"的区别：在甲骨文里面，"人"，一撇一捺，是立于天地之间全然的人；而"民"，指的是被利刃刺瞎一只眼睛的人。郭沫若所著《奴隶制时代》一书中指出："'民'字应是横目的象形字，横目带刺，盖盲其一目以为奴征。"即民为奴隶。

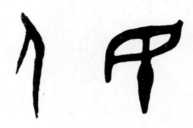

可惜的是，现在好多人还花钱把自己的身体变得"不全"。比如，本来下巴长得还挺正常的，非要把它磨尖不可；从一张圆盘形的原配脸磨成非原配脸，这就不叫"保身"。

第二，"可以全生"。

"生"通"性"，"全生"就是保全天性。

一些人天生是处女座，他们能够这一辈子都保持处女座的贞洁、洁癖和秩序感，永远能够从朋友身上看到不完美的地方，这就是他们的天性。如果社会化的过程太强烈，或者受到的外来环境冲击太凶猛，或许他们的性格会变成射手座的性格——不修边幅，没有原则，对秩序感要求不强烈，这就不能叫"全生"（全性）。

第三，"可以养亲"。

对此，原本有两种说法。一种说法是，"亲"通身体的"身"。但是，我认为前面已经讲过"保身"，这里就不应该再是描写有关身体的状态。

另一种说法是，"养亲"指和亲朋好友互相滋养，侍奉父母到天年，把孩子抚养成人，与老伴儿"执子之手"行走街头——即使得了老年痴呆症，也有人把在街心花园看漂亮女孩的自己拖回家吃晚饭。

如果用手机来打比方的话，"养亲"就是指一部手机还可以与相匹配的电脑或其他智能硬件互相连上，互相同步 iCloud 信息。

第四，"可以尽年"，就是可以终享天年。

什么叫"尽年"？就是将自身用到不能用为止。现在，很多手机都没有尽享天年，本来功能还挺强的，就因为市面上推出了一款新手机，我们就希望这部手机被摔坏，或者直接就买了一部新手机。然后，生生把手机SIM卡一拔，插在新的手机里面。那部还挺好的旧手机就被弃之不管了。人也是一样，没用到生命周期的末端就不用了，就不是"尽年"。

一般情况下，我们也不敢把旧手机拿到二手手机店里面卖掉，生怕自己的信息被泄露出去。于是，很多朋友家里面就像手机博物馆一样，存放了家族成员"历朝历代"的手机。

我大致数了一下，迄今为止我最少买了一百部手机给自己和亲戚朋友。也就是说，我的手机号码历经了几十代的轮回。但是，对于那些手机来说，它们都没有尽享天年。站在更高的维度来看这个现象，其实是很浪费的。

粤语中有一个词语"好折堕"——折了的福报，就是说你的福报是打了折的，你的灵魂维次是从上面往下掉的。这句话有着很深刻的含义，所以，你别说广东人没文化。

其实，粤语里面有很多词语都是古语。比如，古时候，人们问对方吃饭了没有，叫"你食未"。直到现在，粤语里面问对方吃饭了没有，还说"你食咗饭未"。

如果去广东生活一段时间，你就会有一种既古代又超现代的感觉，去福建也会有类似的感觉。这些地方的语言保持了上古时期的很多语言习惯，特别有意思。

庄子认为，如果一个人养生养得好，可以保护身体不受伤害，可以保全自己的天性，可以与其他亲密关系保持长期良好的沟通，可以尽其天年。

你是不是觉得庄子用区区十六个字，就把世界卫生组织关于人类健康几千字的描述全部讲完了？

其实，这十六个字里面还有八个字是重复的，把四个"可以"都省略的话，只剩下八字口诀：**"保身""全**

生""养亲""尽年",这是真正"养生"主义的核心
内容。

庄子在《养生主》的第一段提到,一般人在物理层
面的生命是很短暂的。在如此短暂的生命阶段,我们如
何让自己活得好并尽享天年呢?

按道理说,像庄子这样的人应该不屑于讨论怎样才
能够活得长这件事情。老婆死了,他不会痛苦;朋友死
了,他觉得就这样了。所以,按照他的逻辑来说,对于
一个人是不是可以活得很久这件事情,他并没有那么执
着。但是,他却在内七篇里面专门讲"养生"这件事情。

于是,我不禁想到一个问题——庄子说的"养生",
仅仅是针对一段有限的生命吗?这个问题我准备留到最
后再来讨论。

养生主。

判断一个人是不是靠谱，
是不是几于道，
不一定看他读过多少书，
而是看他做事情的时候有没有节奏感。

第三章

解题和解风情的本质

都是『解牛』

庖丁为文惠君解牛,

手之所触,

肩之所倚,

足之所履,

膝之所踦,

砉然响然,

奏刀騞然,

莫不中音,

合于《桑林》之舞,

乃中《经首》之会。

岁月不是杀猪刀，你才是

在我看来，当庄子闭上眼睛独处的时候，他是一个超级脑部使用 VR 深度用户。别人都戴着眼镜进入 VR 世界，而庄子只要闭上眼睛就可以进入。他可以在自己梦游的过程中，去体会生命在整个宇宙当中的自由和广度。所以，在《养生主》里，他一定想要借"养生"这个话题，去触及和宇宙相关联的宏大命题。

那么，这个宏大的命题是什么呢？庄子用难得的大篇幅故事来讲解这个话题。只要上过语文课的人大概都听过庖丁解牛——就是庖丁为文惠君解剖牛的故事。

小的时候，我们都不知道庖丁到底是怎么解牛的，反正就记得老师说庖丁拿一把刀伸到牛的身体里面。试想一下，一把刀伸进牛的身体里面，这头牛居然没有感到疼痛。（他怎么做到的？）庖丁将刀顺着牛的骨节、筋膜往前行进，避开有神经的地方——无论牛还是我们的身体，并不是全身都布满密密麻麻的神经，总有一些部分处于神经和神经之间。如果不碰到神经的话，可能确实不会感到疼痛。

以前，我们听这个故事也就听了。现在，我试着把其中美妙的状况给大家讲一讲。

你知道庖丁是从哪里将刀切进去的吗？为什么将刀切进去的时候，牛没有感觉到疼痛呢？你想过这些问题吗？我认为，庖丁在入刀的一刹那，没有让牛感觉到疼痛，只有以下三种可能。

第一，庖丁是从牛身上没有痛点的地方入刀。

第二，庖丁的刀法速度非常快。

第三，庖丁用刀插入的角度非常巧，力度非常妙。

以前，我有针灸眩晕恐惧症——刚看到别人把针拿出来，我就已经出现低血糖的症状甚至冒冷汗。（我大学的一个男同学有血液恐惧症，他只要看见别人流鼻血，就浑身发抖冒冷汗。）

但是，有人用针的方法就很不一样。有一次，我有点儿感冒，请一位老师帮我诊治一下。于是，他以极快的速度从很特殊的角度在风池穴进针。我还没有感觉到进了针的时候，他就把针拔出来了。从此，我再也不害怕扎针了。那是我第一次真正意义上体会到进针和出针都没有感觉。因为他的针法角度、速度和力度都恰到好处，而且将针扎在特别精巧的位置。

以上讲的是"入手式"，怎么能够在牛不知道的情况下把刀切进去。那么，这把刀究竟是怎么进去的？

打一个不太恰当的比方，真正的高手从你的身上把钱包拿走的时候，你都不知道他是怎样将手伸进背包里面，把钱包拿出来，反手递给身边的同伙；更有甚者，还顺手帮你把包的拉链儿给拉上。

你可以想象一下，他们如何让别人在根本没有觉察的情况下完成一切的。如果刘谦在你面前，把一枚硬币放在手上，一合手再打开，硬币不见了——这就是速度。

那么，这把刀是从牛的眼皮、脚底，还是胳肢窝进去的？能够让一头牛根本感觉不到一把刀进入自己的身体，庖丁得在什么样的角度，以什么样的速度，用多么小的一把刀，在什么样的位置平行于神经切进去呢？如果没有刻苦钻研，没有合于道的精神，是无论如何也做不到的。

我们都说"岁月是把杀猪刀"，而庄子会说"才怪，岁月不是杀猪刀，你才是"。试想一下，**如果这头牛就是我们面临的纷繁人世间，而你是那把刀，你会如何以别人还没有来得及理解的无创方式进入人世间呢？**

有一些五十多岁的人，他们的身体、精神和外貌，看起来都像二三十岁的年轻人。他们是如何做到就像刚

刚磨出来的刀一样，在类似一头牛的人世间扮演着一把
既锋利又巧妙的杀牛刀？

　　《养生主》最大的秘密在于告诉你，岁月不是杀猪
刀，你才是；而且你要成为一把不受损的杀猪刀。

一个杀牛的人，
居然也深得"解"字的奥妙

讲"庖丁解牛"故事的时候，我情不自禁地感到兴奋，因为这是我最喜欢的故事。从这个故事里，我看到岁月不是杀猪刀，我们才是。那头牛是我们面临的人世间的种种困难，而那把刀是游走于世间的我们。

庄子想通过这个故事表达的是：如果你是一把刀，你要知道如何进入一头牛，并把整个问题解决了。而你还像十九年前刚刚被磨出来的样子，散发着光芒。这个故事真是精妙啊。

上一节，我们讲的是"入刀法"——怎样才能够以合适的角度，以及从哪个位置快速地切进去。无论解决任何问题，创业也好，夫妻关系也罢，假设已经形成死结，我们要从哪个地方切进去？

假如你将刀切入岌岌可危的夫妻关系中，作为妻子，可以想着自己的老公其实也是另外一个母亲的儿子，你和他的关系，就变成了你和另外一个女人的矛盾。而老公只不过是一个在战争的硝烟弥漫下的可怜孤儿。你内心的恨也就少了，彼此的伤害也能弱了一些。

话说回来，刀进去以后，如何能够开始一段完美的解牛历程呢？让我逐段和大家分享这个故事。在古代，像庖丁这种宰牛的人，还有像伊尹那种熬汤煮饭的人，其实都非常受尊重。就好像日本流行的各种寿司之神、料理天王，等等。

在这个社会里，无论你做什么，如果不合道统，就不高级。假如你是做蛋糕的，或者宰猪、宰牛的，只要合于道统，你就可以成为花道、剑道、茶道乃至味道高手。

尤其是"味道"这个字眼，我们见得太多，以至于忽略了。其实，味道，是一种真正高级的道，是以味入道的。

庖丁是一个几于道的人，他和刀成为整体，就像我们和手机成为整体一样。当你拿着手机在玩儿，而手机正在充电的时候，你不觉得自己就像是被链子绑住的一只狗吗？这时，你和狗唯一的区别就是，狗想离开这条链子，而你却害怕这条链子断掉。

人世间的快乐、悲哀，莫过于此。

庖丁是一个人刀合一的道者，他为文惠君展示如何用行为艺术——在快乐、无声无息、不伤害刀的情况下，把一头牛分解成一大摊肉，而这头牛却可以在整个过程中保持愉快的心情，没有任何反抗！

想想这个情景，你就不禁会感受到中国古人无不以为道的快乐。想想看，古代的时候，一个杀牛的人居然用的是"解"。这个"解"字极其精妙，就像解题。

有过中学解题经验的人都知道，面对同样一道题，有些人连题目都没看懂，属于下下等；有些人解半天也解不出来，属于下等；有些人解是解出来了，但过程很复杂，属于中等；有些人用简单的方法把代数问题转化为几何问题后，快速得出答案，属于上等；有些人通过揣摩出题老师的用意，直接看出选项 A、B、D 都是错误的，然后选择 C，属于上上等。你要问他为什么这样做，他会说自己也不知道选项 C 为什么是正确的，反正知道选项 A、B、D 都是错误的。

所以，解一道题的过程，可以被分成下下等、下等、中等、上等和上上等这五个等级。

我在上高中二三年级的时候，有一段时间数学成绩不错。那个时候，我疯狂地做练习题，甚至拿出一张卷子从后往前做。看到四个选项，直接删掉两个错误的，再对比其他一些参数，然后排除一个选项，选择剩下的选项。这种做题方法的正确率可以高达 70%。其实，做对的选择题，都不是因为我知道正确的选项，而是我知道其余三个选项肯定是错误的。我居然就这样一路过关斩将，以全年级前三名的成绩考上了一所普通的本科院校。后来，我才知道，这分数可以上清华。我对于几于考试之道的精妙太不自信了，连清华都不敢报。

解题是一门艺术，解风情也是一门艺术

话说回来，解题是一门艺术，解风情也是一门艺术。

把自己当作男生的女生和把自己当作"畜生"的男生都有一种习惯，就是在社会上解题解得太多以后，由于总是快刀斩乱麻地解决问题，于是就渐渐地不解风情。总有一些人被认为挺能干的，但大部分人就是不喜欢他们。为何呢？由于总是解题，他们已经变得不解风情。

那么，什么叫"解风情"？就是"只要你一个眼神的肯定，我的爱就有意义"。"解牛"亦复如是。

所以，解题和解风情的本质都是"解牛"。一头牛，就像一道人生的复杂算术题一样，需要用高级的方法来解决它、料理它。想要理解什么是解风情，就需要瞬间脑补，古时候一个其貌不扬的中年男子为君王杀牛的情景。

杀牛这么血腥的场面，肯定不能登于庙堂，而这个中年男子深知如果牛被杀得难看，他也会被杀头。这个时候，可能下一分钟脑袋就被挂在城头的人会是怎样的心情？他一定极度自信，既不谄媚也不慌张，动作既不快也不慢。面对一头牛，他对自己将要做的事情没有任何情绪。

但是，这种没有情绪的状态，一定基于对这件事情充分了解和自信后的"定""安""正"——"正安"的状态，也就是我们"正安中医诊所""正安文化""正安生活"和"正安聚会"名字的由来。

你可以想象一下，当保持"正安"状态的时候，就像打太极拳时的状态。眼睛微微闭上，膝盖微弯，双手慢慢地抬起来，再缓缓地放下，然后又抬起来，再缓缓地放下。这是在干什么？这是在调整呼吸。

在做每件事情之前，都需要调整呼吸。每个动作都要在呼吸的节奏上，这样才不会令自己气喘吁吁。如果气喘吁吁或者手抖的话，牛就跑了。

简而言之，当庖丁一边安抚牛，一边把刀伸到牛的身体里面，伴随着阵阵"唰唰"的韵律响起。而这个韵律类似商朝的高级音乐《桑林》的节拍。庖丁在解牛的时候，大脑里的 VR 系统自动升起了《桑林》的音乐。我们可以想象一下，类似"嗒嗒嗒嗒嗒"的响声。每进一次刀，就会响一次，像弹琴一样。

什么叫"解风情"？解风情的女人，走路都踏在点儿上，回头都合于"夏天夏天悄悄过去依然怀念你"的旋律和节奏。

庖丁在随时被牛踢、随时因为解不好牛被砍头的情况下，闭着眼睛，哼着小曲，活在自己与牛同频共振的世界，就是一种解的风情。（突然在想，有没有人解手也很风情呢？）

如何判断一个人是否靠谱

手之所触,肩之所倚,足之所履,膝之所踦,砉然响然,奏刀騞然,莫不中音。合于《桑林》之舞,乃中《经首》之会。

庖丁在解牛的时候,手所触碰的地方,肩膀顶着的地方,脚步踩着的节奏,膝盖顶着的位置,无不"砉然响然"——这个词讲的是两种声音,都是指解牛时发出的或重或轻的声音。

"奏刀騞然",是刀在牛的身体里面游走的声音。"莫不中音",没有不合乎音调的。

音调是什么呢？在庄子的时代，一种是《桑林》之舞，这是殷商时期的音乐。另一种是《经首》之会，据说，《经首》是尧舜禹时代的音乐。

总之，庖丁解牛时如行云流水般的过程符合一首歌"苍茫的天涯是我的爱……"的节奏。

我认为，判断一个人是不是靠谱、是不是几于道，不一定看他读过多少书，而是看他做事情的时候有没有节奏感。

电视剧《武林外传》里面的佟掌柜，每次从楼梯上下来的时候，她都踏着步点儿。别人是身未动心已远，而她是身未动腰已远——那种妖娆是很有意思的。

我曾经问过"中国最好的人像摄影师"肖全先生（肖全先生拍过崔健、陈凯歌、张艺谋、三毛、杨丽萍、窦唯等很多人物照，这些照片被大家誉为"一辈子拥有的最好的照片"）："肖老师，你在拍照捕捉别人神态的时候，是不是也有一个内在的节奏感？"

　　他说："1991 年，天还比较冷的时候，我在慕田峪长城的烽火台上拍了一组照片。当时的天就是这么蓝得明明白白，有一朵云笼罩着我们。那个时候我就觉得不仅仅是摄影师和拍摄对象在场，就连老天也出来帮忙；就觉得如果自己心里面有一种想要表达的冲动的话，只要安静下来，好像整个天地都在参与你的拍摄，它们都在帮助你。你可以感受到周围的所有生命、长城上的城墙、抬头看见的天空和云朵，都在开心地看着你们在做的事情。所以，我觉得这样的状态和天地是很容易接通的。"

　　什么是天籁？它不仅仅有声音，还有云的节奏、石头的节奏、人心的节奏以及风的节奏和合之下所形成的一种听不见但会影响到你的旋律。而当你在做一件事情的时候，在这个旋律里面，你就合于道；你就会觉得怎么做都对，随便怎么做都好。

养生主。

> 当你真正在做有意义或几于道的事情时，你根本不需要用眼睛看。

第四章

最好的相遇是神遇

文惠君曰：

「谑，善哉！技盖至此乎？」

庖丁释刀对曰：

「臣之所好者道也，进乎技矣。

始臣之解牛之时，所见无非全牛者，

三年之后，未尝见全牛也；

方今之时，

臣以神遇而不以目视，

官知止而神欲行。」

真正的"以神遇"，无需用眼睛来看

在庖丁非常漂亮地解构了这头牛之后，文惠君就跟他说："嘻，善哉！技盖至此乎？"意思就是，文惠君说："你的技术，怎么能够如此牛？"

庖丁释刀对曰："臣之所好者道也，进乎技矣。"

什么意思？就是庖丁放下刀，回答说："我这个人啊，真正用心去感受的是道，然后再把它转化为与技术完美的结合。我刚开始从事宰牛这项工作的时候，眼前见到的无非就是一头完整的牛。这样解剖三年之后，我看到的就不再是整头牛了。"

南老对"所好者道也，进乎技矣"的解释是："这个就是养生的道理，也就是告诉我们，做生意也好，做官也好，读书考试也好，都像庖丁杀牛一样，那就好了！进考场也无所谓，解答题一拿来，随便一画就是了；考完了把笔一丢，出来，很有把握，再来一杯冰淇淋，这就是庖丁解牛了。"

方今之时，臣以神遇而不以目视。

其中，"方"是一直到现在的意思。"方今之时"就是方才、刚才的意思。讲到"以神遇而不以目视"这句话的时候，我觉得真的应该向肖全老师请教。

有一次，我和肖全老师去云南的抚仙湖畔吃鱼。当我走在一座小桥旁边的时候，肖全老师拿出他的手机拍出了一组惊艳的照片，而我只是里面一个小小的配角。

后来，我就问肖全老师："为什么你能拍得出来，而我用同样的手机却没有拍出来？"

肖全老师说："因为你没有看见这个景象，而我的心里面就有这个景象。但当到了一个意想不到的场景时，会发现整个身体跟天地是接通的，那时候自己就可以为所欲为。我认为庄子讲的与天地万物相连的节奏，其实有时候就是心里的节奏。那一刹那，看到融入天地之间的万物，让我既意外又感动。我觉得，当时我拿出手机拍照，已经纯属下意识的动作。"

我说："这就是'以神遇而不以目视'啊！"

我们一定要记住以下两点：

第一，当你在做一件事情的时候，如果心里面有旋律，你的动作就具有美感。

第二，当你真正在做有意义或几于道的事情时，你根本不需要用眼睛看。

有一次，扮演过"紫霞仙子"的朱茵接受采访时对我说，在买最喜欢的衣服时，她都是进到试衣间里面，然后把里面的灯关掉，只是感受衣服穿在身上的感觉。她不看穿上这件衣服后镜子里的样子，只是用自己的身体去感受。一刹那，我觉得，怪不得她是朱茵。

试着闭上眼睛，用你的神与内心相遇而不要用眼睛看，感受一下此时在你的心里面浮现出的样子。

实际上，庄子是在问："如果你是那把刀而世界是那头牛，你该如何在纷繁的世界中自由行走？"

最好的答案是：既把问题解决，又让自己没有受到伤害，得以保全身体、保持天性、侍养双亲以及尽享自己的天年。就像那把十九年前磨过的刀一样，直到现在仍然没有受到一点儿损害。

现代人喜欢关注细节、关注故事。其实，在中国文化里面，向来有一种东西叫"道统"。就连这个世界，也只不过是用来演绎"道"的工具而已。

庖丁正是用"解牛"来演绎他的道。当把刀伸进牛的身体里面时，他感受到那头牛是宇宙，而他自己只是游走在宇宙当中的一粒尘埃。他不是像现代的医生那样戴着内窥镜去做手术，而是用心去体会其中的变化。

　　设想一下，大学时期在电影院里面，你伸出手触碰到旁边女生的手。黑暗之中，哪容得你认真去看她的手指甲涂着什么颜色的指甲油，指甲缝里面是不是有脏东西。你只能在黑暗之中去触摸并感受那只手轻微的颤抖，同时也感受到自己的心跳。这是多么痛的领悟啊。

　　再给大家讲一个故事。有一天晚上，一条眼镜蛇出门时忘记戴眼镜。它碰到另外一条身材和它相似的蛇，而那条蛇的身体比它的稍微冰冷一点点。这条蛇就用自己的身体去"以神遇而不以目视"。可是蹭了半天，对方都没有反应。它稍有些绝望，不是由于别人没有反应生气，而是对自己魅力不够充满深深的绝望。然而，第二天早上它发现，自己昨天晚上碰到的只是一根废弃的胶皮管。

　　如果你是那条蛇，发现昨晚"以神遇"带给你的快乐和沮丧，只不过因为自己没戴眼镜，将一根胶皮管错认为同类的话，你会不会怀疑自己的内心？

　　这件事情的重点不在于它是不是胶皮管，而在于为什么要对一根没有反应的胶皮管动感情。难道你感受不到它的冷漠和决绝吗？即使不用眼睛看，你也知道它是不是自己的"菜"，因为真正的"以神遇"无须用眼睛来看，而是借由内心的感应去了解对方。至于它是一根胶皮管或者真的是一条蛇，如果你对它无感的话，这两者又有什么区别呢？

有时候，我们的孩子笨拙地写"爸爸我爱你"或者"妈妈我爱你"。如果你看到之后没有反应，他还会再写一次；下一次，你依然没有反应或将其随手一扔，也许他就不会再写，因为你们的神没有相遇。几十年之后，或许你才知道，与儿童最真诚的爱相遇是生命中最美妙的巅峰体验。

不懊恼过去，不妄想未来

庖丁握着一把刀，闭着眼睛，用心神全然去感受刀锋经历牛的身体时，我相信他一定全神贯注，因为他可以感受到牛的身体里面每个细胞的颤动。

传说，佛陀入定的时候，感受到了心跳的声音，感受到了血流在自己血管里面"呼呼"流动的节奏；反观内视，感应到细胞的生灭，看到念念相续，你会发觉生命只不过是一个又一个细胞的生灭、成住坏空的连续而已。

这一刹那已经和下一刹那不一样，而我们之所以觉得世界还在连续，其实只不过是一种惯性。你还活在对上一秒的留恋和对下一秒的期待中，忘记了这一秒的当下。

睡不着觉的人，如果不是在想着过去的懊恼，就一定是陷入了对未来的妄想中。在这一刹那以神汇集，把心装到腔子里，让意识回归到自己的身体里面，试着去感受自己的呼吸，看看它是在嗓子、胸、肚子、膝盖还是脚后跟。

有人说："我连胸都没有，哪能感受到自己呼吸有没有到胸？"——我的意思是往内看，以神会之而不以目测之。我是一个有小肚子的人，也不一定每次都知道自己的气是不是到了肚子。

我们应该经常和一些特别敏感的人聊天。坐在饭桌上，他们就知道谁是自己的贵人，谁在敌视自己；谁喜欢自己，谁在默默地和自己较劲。这种体验实在是太有意思了。

"以神遇而不以目视"，是中国一切艺术的核心法门。

钓鱼竿一般有四五米长，鱼线有八九米长，而鱼钩是一个很小甚至垂直的钩子。较小的一条鱼大概比你的食指还短。但是，你居然知道什么时候它轻轻地用触须碰了一下鱼钩，并且知道是三个长音和两个短音。如果你能够在这个过程当中感受到快乐，无论是钓到还是没有钓到鱼，又怎么样呢？去市场买一条鱼的成本远比钓一条鱼的成本低很多。为什么我们还要大费周章地专门去钓鱼呢？因为钓鱼是一门观想与入定的艺术。

实际上，钓鱼的艺术不在于钓到鱼这件事情本身，而在于让我们能够用一种遥远的方式，完成与鱼之间的神会，而不是目视。

其实，在亲密关系间亦复如是。两个人同床共枕各自修行，同桌吃饭各刷微信……谈何神交？

有时间的话，回家和家里人吃一顿饭，让孩子讲一讲内心的梦想，这比什么都来得愉快。

不要相信自己的主观，要跟着大趋势走

接下来，庄子为我们讲了精彩绝伦的"官知止而神欲行"。

什么叫"官知止"？有时候，把刀切入牛的身体里面，会碰到敏感的器官，主观上你认为应该停一停，这就叫"官知止"。但是，有一个隐隐的声音却不断地在说"不要怕，不要怕，继续往前走"。这个时候，你会发现手中的刀"唰唰唰唰"地就进去了。

下面，我来和大家分享一下我拿自己身体做针灸试验的例子。

有一天，我扎了足三里这个穴位。神奇的是，当我想取下针时，却怎么也拔不出来，就好像针头上面有一条鱼，咬着针头使劲儿往里拽。我明显地感觉到，那根针虽然像姜太公手中钓鱼竿的钩一样是直的，但它上面好像真的有一个像鱼的东西噘着针头往里拽。当我把手放开的时候，针在足三里的穴位上不停地晃动，就像有一条鱼在下面"咔咔咔"地晃着一样。

你觉得那个时候我应该强行把针拔出来吗？其实是不可以的。因为"官知止而神欲行"。从主观上来看，已经扎了十五分钟，也该出针了。但是，"神欲行"——它就牵着你，让你无法自拔。

庖丁拿着刀，伸着手，隔着一张牛皮。人在牛皮外，手和刀在牛皮里，在牛的骨缝或肌肉与肌肉之间的部分行走时，他突然有一种被牵着走的感觉。

从理论上来说，庖丁解剖牛的时候，要用力才可以。但是，一旦走上正确的气脉之路后，他发现自己根本不需要用力，完全被牛本身的气脉推着刀"唰唰唰唰"地顺着走下去。

　　这个时候，你要停下来吗？你要和这头牛的气脉对抗吗？你要比这个速度更快一些吗？都不需要。你只需要"与道同行"。

　　在这个时候，"道"就是牛的身体里面有缝隙的小路。

任何两个东西，既可以被分开，又可以合在一起

当年，鬼谷子在给苏秦和张仪讲述国际政治格局的时候，就是教他们如何在缝隙之间游走，因为国与国之间永远都不可能完全一致，所以总是可以利用国与国之间的矛盾或不同步，寻找国际关系当中的机会。所谓合纵和连横，就是由这样的思想而来。

我们可以看到，在当今的国际大舞台上，国与国之间没有永远的朋友，只有永远的利益。国与国之间，既合作又竞争。在各国实行贸易保护的同时，对与其他国家的贸易合作需求也很强劲。我们来看看当今中国互联

网消费市场的格局变化。

曾经，新浪、搜狐和网易被公认为三分天下。后来，又出现百度、阿里巴巴和腾讯。这些强大的巨头对中小型互联网公司有着不小的冲击，使其难以发展壮大。对于创业的人来说，实在是难上加难。面对如此激烈的竞争，一些创业的人就开始把将自己的公司做好后卖给这些巨头企业作为人生目标。

另外一些人却说："不，他们之间也是有缝隙的。"比如，摩拜单车。之前，我对摩拜单车的分析是不入法的，我没有看到摩拜单车更重要的价值，包括它对消费者数据的收集、作为移动的储蓄所、每部单车对应的预存款等。

另外，摩拜单车如何一步一步地与微信小程序结合？微信小程序非常需要线下的应用场景来打通，所以摩拜单车迅速地找到微信的需求。虽然，摩拜单车可能已经拿到 BAT（百度公司 Baidu、阿里巴巴集团 Alibaba、腾讯公司 Tencent 的英文首字母）其中某家的投资，但它并不属于他们中的任何一家。类似的例子还有今日头条（被

BAT 投资之前)。

当大家都认为智能手机已经没法做了，因为有了苹果还有三星，有了三星还有华为，有了华为还有小米，还有联想、vivo、OPPO……难道真的没有一款新手机能够出现吗？难道不会出现一种状态——正因为有了那么多种品牌的手机，才出现的新价值吗？

大家都知道，苹果的 iOS 系统和 Google 的安卓系统构建了两大 APP 的生态。现在，还有微信构建出来的小程序、微信公众号和服务号的生态。面对这样的形势，大家都觉得还能够做什么平台？

然而，最近几个月，在互联网业界被人讨论最多的是亚马逊的音箱 Echo，居然把音箱变成交互平台。PC 时代，人们用鼠标和键盘与电脑交互；手机时代，人们直接用手指头和手机交互。亚马逊开创的 Echo 音箱时代，人们可以利用这款音箱直接用语音交互，实现更好的交互体验。

Echo 音箱上面居然有近一万个应用，这些应用通过语音实现交互。你可以对着 Echo 音箱说"放首歌""帮我把灯关了""帮我把邮件读一读""放一段《庄子的心灵自由之路》"……

事实证明，在所有竞争似乎已经非常"严密"的时候，仍然有一些新的缝隙市场被创造出来。**世界本来就不是一个密不透风的整体，而是由无数的缝隙构成。所以，从理论上来说，任何两个东西既可以被分开又可以合在一起。**

亚马逊创造的 Echo 音箱市场，给我们带来了一种新的交互方式——直接通过对话来完成应用，而不是手动点开 APP。这样的变革为机器人时代的全面到来起到了巨大的推动作用。

现在，你能够理解为什么这些顶尖的公司都在抢占这个市场吗？为什么将来科大讯飞这样的公司会变得非常有价值吗？我相信，这些都是因为一个新的交互方式开始应用了。一夜之间，有可能以前做的很多应用，即使变得再好也没有用处。打个不太恰当的比方，我认为那些现在仍然努力做各种 APP 的人，就像跳上了泰坦尼克号的头等舱。

当然，也许这些APP仍然有用，但你必须明白下一轮的应用是以语音交互为基础。如果技术和产品的架构不能够迎接那个时代的到来，做得再好，也是过去。

庄子说"官之止而神欲行"，就是在提醒我们，不要用主观思想去思考"做还是不做""走还是停"，而是要感受这样的趋势、浪潮以及技术演化的方向，并尽量与其同步，只要跟着这个节奏走，你就能走得不那么辛苦。

养生主。

花时间了解自己身体中的肌肉、组织、骨骼、筋腱等，是一种非常重要的生活习惯。

许多人活了一辈子，都不知道自己的身体到底有怎样的好玩法。

第五章

与自己十指相扣的感觉

也是久违的爱

原典

「依乎天理，
批大郤，
导大窾，
因其固然。
技经肯綮之未尝，
而况大軱乎！」

心明才能眼亮

上一篇，我们讲到"官之止而神欲行"。庖丁对文惠君说，当他把刀插入牛的身体时，他感受到有一种能量在推着他的刀往前走。

如果现在有机会的话，我建议你感受一下自己体内正在流动的气。比如，将食指、中指和无名指轻轻地搭在一块木头上，你可以感受到指尖脉动的闪跳。而且这三根手指的跳动不一样，那就是你的气在走。

依乎天理，批大郤，导大窾，因其固然。技经肯綮之未尝，而况大軱乎。

其中，"郤"通"缝隙"的"隙"，指牛的筋腱和骨骼之间的空隙。"大窾"，指牛体骨关节较大的空位。"因"，是顺着的意思。"固然"，是本来的样子。"枝经肯綮之未尝"，指经络聚集、骨肉连接很紧的地方，也没有一点点觉得阻碍的感觉。"而况大軱乎"，其中"軱"是骨头的意思。

南老对此的解读是："'批大郤，导大窾'，关键要点的地方解开了，整个事情就办好了。但不是勉强做的，是'因其固然'而来，所以这些枝节的地方根本不理。不是不理，是顺其自然，枝节的地方跟着关键的地方就解开了，也根本就没有阻碍了。"

小梁理解，这几句话就是说明庖丁用一个很薄的刀片顺着牛的骨骼筋脉之间的缝隙推行而走。

其实，这种寻找缝隙的感觉是一种很有趣的体验。在我们正安医馆，有一位姓黄的盲人大夫，他的心非常明亮。和我握过一次手后，再握着我的手，他就知道一定是我。

有一次，我的关节炎犯了。我站在正安医馆的一楼无法动弹。当时，黄大夫居然飞奔而下，如入无人之境。只要他走过的地方，有多少级台阶，哪里是拐角，洗手间在哪里等关于方位的事情他都明白。如果不知道他的情况，你甚至觉得他根本不是一位盲人。

有一天，黄大夫对我说："当你去按一个人的身体时，你可以感受到在他的肌肉和肌肉之间、肌肉和骨骼之间的缝隙。有些人的缝隙摸起来很滑，有些人的缝隙摸起来很干，有些人的缝隙就像塑料袋里面装的甜面酱，仿佛隔着塑料袋去按，然后戳到里面甜面酱的感觉，甚至有些时候，按着按着，那种气过来以后，之前摸着很干涩的空空的布口袋，好像里面突然又充满了岩浆。"

黄大夫告诉我，当他闭着眼睛，体会自己看不见但心里面能够照见的人的骨骼时，他甚至能体会到身体里的关节、筋膜、乃至筋膜和筋膜之间的组织间液、浓稠度等。

以前，我不相信他能够做到。后来，我给自己按摩身上的穴位，甚至在学习点穴导引术时，找一些同学在他们的背上、肩上寻找缝隙或可以按摩的穴位。我发现，一旦安静下来，真的可以摸到一些地方是热的，一些地方是凉的，一些地方甚至凉到让我怀疑这是不是同一个人，怎么会有如此刺骨的冷？我还发现，有些地方按下去能够感觉到里面有一些既黏又滑的东西。

黄大夫在给人做按摩的时候，我们能够感受到，他并不是用很大的力气。有一次，我们一个同事崴到了脚。他被黄大夫按完以后，立刻站起来健步如飞，也没有觉得疼。黄大夫说，这种柔性正骨的手法，存乎一心之妙。黄大夫像庖丁一样，用推与拿、按与摩的手法，解开了我们身体内的瘀滞。

世界上好玩的东西都不需要花钱

　　虽然我不建议每个人都成为按摩大师，但如果有机会的话，你可以在孩子、老公（老婆）或者父母的背上，顺着关节去感受肉、骨、血管以及骨和骨之间的缝隙。按到某些地方时，敏感的人可能会告诉你："哇，有一股像暖水一样的热气顺着这条腿在走。"

　　每天，每个人都背着上天赐予的极其精密的实验室（身体），一台有想法、会呼吸、有念头、有硬件、有软件、有操作系统的智能设备。这么好玩的东西你不好好玩，却玩手机？你要知道，这个世界上好玩的东西都不需要花钱。

　　情人节那天，朋友圈里面的人都能看到我转发的一段话：如果你实在找不到十指紧扣的人，你可以用自己的右手握住自己的左脚，将右手掌心对着左脚脚心并十指相扣，五根手指扣着五根脚趾。这种同自己十指相扣的感觉也是久违的爱。我们称之为"心肾相交"。

　　一些人总是出现身体某些部位热、某些部位凉的状况。我们在这里不讲大道理，只讲一个极简单且自己可以水火既济的方法。

　　很多人的掌心都是热的，但肚脐以下的小腹部位很凉。睡觉的时候，你可以将自己已经搓热的掌心，放在最凉的小腹部位，一下子你就能感觉到小腹部位很温暖，这可以看作是做艾灸，就连别人给你按，也达不到这样的效果，因为身体是一个自我的内循环系统。

　　男同学用左掌心，女同学用右掌心，对着自己小腹最容易受寒的部位，感受那里慢慢慢慢地变热，掌心的热慢慢慢慢地传过去的过程。你按着小腹的部位，慢慢地吸气，再吸气，让小腹慢慢地隆起，然后呼气，再让它慢慢地下沉。

呼吸，感受自己掌心的热，缓缓地回归小腹。那些常常觉得腰酸背疼的人也可以试一下，将自己的左掌心或者右掌心放到后腰的部位，或者哪个部位觉得冷就放在哪个部位上面，这就叫"水火既济"。

我们的掌心和心血相连。有些人心火灼热，所以晚上睡不了觉。但是，通常心火灼热的人都肾水不稳，也就是说，他们的肾脏部位其实很冷。

我为什么讲这些内容？是因为庄子在借庖丁之口，讲到身体里面的大小关节和各种缝隙，以及气血通行之妙。我们可以随时用自己的身体来体会。

其实，花时间了解自己身体中的肌肉、组织、骨骼、筋腱等，是一种非常重要的生活习惯。许多人活了一辈子，都不知道自己的身体到底有怎样的好玩法。

养生主。

置身大时代、长历史，
把自己的心境放在一个大格局的话，
你就变小了。这个时候，
你就不会觉得自己大，就不会受伤。

第六章

永远对事物保持善意的好奇

「良庖岁更刀，

割也；

族庖月更刀，

折也。

今臣之刀十九年矣，

所解数千牛矣，

而刀刃若新发于硎。」

我们凭什么样貌看起来年轻，
而且心灵也年轻

庖丁跟文惠君说，"我用这把刀已经很多年了"。

良庖岁更刀，割也；族庖月更刀，折也。

一般情况下，比较好的厨师"岁更刀"——一年换一把刀，因为他们确实在割肉。而族庖比良庖要差一点点，如果把良庖比作文艺厨师的话，族庖就是普通厨师，他们需要"月更刀"。那些普通的厨师，或者更差一点的厨师，几乎每个月都要更换刀。基本上，他们在用很大的力气去砍骨头，把刀砍折了。这种厨师可以被

称为二 × 厨师。

今臣之刀十九年矣，所解数千牛矣，而刀刃若新发于硎。

庖丁说他的刀已经用了十九年，却还是像新的一样。什么意思？如果我们能够像刀一样，可以保持十九年看上去就像刚刚磨出来的一样，就可以永远年轻。这一句话恰恰是"庖丁解牛"的点睛之笔。

关于"我们人为什么容易苍老"的问题，南老讲到："因为受了外界一切的影响，而产生情绪的变化，慢慢由青年到中年，到老年了。所以修道处世就是庄子庖丁解牛的道理。虽然处在很复杂的世间，批大郤，处理大关键要看大要点，自己始终保持头脑清醒，像这一把刚刚出炉的刀一样，不硬砍，不硬剁，不硬来，永远保持生命的健康，永远保持自己的青春。"

我们凭什么在人世间纷繁的痛苦当中，保持绰约如处子般的状态？让自己不但样貌看起来年轻，而且心灵也是年轻的。

　　庄子正是用这样的例子来讲如何保持年轻的。

　　《逍遥游》中的"逍"，就是让自己保持小的状态，置身大时代、长历史，把自己的心境放在一个大格局的话，你就变小了。这个时候，你就不会觉得自己大，就不会受伤。

　　当然，你心里的"我"小了，外在的样子也小了。

如何能够睡个好觉——
"关你屁事""关我屁事"

有一天，冯学成老师来给我们太安私塾的同学上课。我就问他："冯老师，可否开示一下，给我们讲讲陈抟老祖睡觉的艺术，如何能够睡个好觉？"

冯老师看了我一下，说了三个字"外天下"，就是站在天下之外，翻译成一句简单的话，就是"这世界关我屁事"。

其实，两句人生口诀可解一切苦——任何问题，如果不能用"关你屁事"来解决的话，就一定可以用"关我屁事"来解决，这就是置身天下之外的出离心。"关你屁事"可以减少问题的参与者，"关我屁事"可以让自己置身事外，这是让自己不受世间困扰的方法。

已经用了十九年的刀口像是刚从磨刀石磨过的一样锋利，这是养生主的最高境界。**让自己变小的含义，除了让自己的体积变小，变得微不足道或者处在更大的外部格局环境以外，另外一方面，变小就是让自己处在像儿童一般对世界的好奇当中。**

我特别清楚地记得，当年我拜邓老（中医泰斗邓铁涛）为师以后，就加入了互联网公司。一年之后，我回去跟他请安的时候，邓老问我："你们在干什么呀？"当时，邓老应该是九十多岁。我说："我们在做互联网，做搜索引擎。搜索引擎是……"

当时，老先生听得津津有味。作为一代中医泰斗，他对于什么是竞价排名、搜索、大数据、贴吧等充满了好奇，甚至还问我很多有趣的问题。

我知道，对于一个国医大师来说，对互联网的深刻洞察本无意义，他也无须以此作为话题。我只是在他的身上看到一位有智慧的长者最伟大的心智模式习惯——

永远对事物保持善意的好奇。

有时候，如果对一位厨师讲做饭的事情，他会不耐烦；有时候，如果和一位老师讲儿童教育，他会不耐烦。甚至一些年轻的妈妈第一次进产房的时候，跟护士说："护士，待会儿孩子出来的时候，你能不能把他嘴里的痰（南老称其为'胎毒'）抠出来？"听到这里，往往妇产科的护士会很鄙视对方，因为又是这些内容。

总之，很可能我们说的东西，在专业人士眼里是很可笑的。但是，反过来看，如果你是所谓的专业人士，当听到别人给你讲这些东西的时候，你是否愿意不是装作充满好奇，而是发自内心地在你所熟悉或者根本不需要了解的领域里面仍然感到好奇？

对一位国医大师来说，互联网、SEO（搜索引擎优化，Search Engine Optimization 的简称）等与他何关？他为什么要这样做？

其实，和任何事情都没有关系，我们只是需要儿童的快乐——永远保持好奇心的快乐。

观察世间的缝隙，就是我们生活的快乐

在《养生主》里面，庄子给我们介绍了在很长时间里保持年轻最重要的心法——寻找缝隙并在缝隙当中求生存。对于心思比较细腻的人来说，这条缝隙是可以无限大的。

现如今，很多人都在纠结到底要不要买房。买不买房这个问题的其中一条缝隙可以说永远都具有参考价值——想购买的房子周边，是不是有更多中小学生流入。

其实，全世界房子的指标都与中小学有关。最优质

的中小学旁边，永远有可以对抗通胀和经济动荡等因素
而值得投资的房子，这就是房地产市场中最大的缝隙。

　　类似的思考还有很多，观察世间的缝隙，就是我们
生活的快乐。

养生主○

无论是做好还是做不好，都不为过去的成绩而骄傲，不为未来可能出现的问题而担忧，活在当下。

第七章

我们为什么要学国学——拥有在人世间游走的智慧

『彼节者有间而刀刃者无厚，

以无厚入有间，

恢恢乎其于游刃必有余地矣。

是以十九年而刀刃若新发于硎。

虽然，每至于族，吾见其难为，怵然为戒，

视为止，行为迟，

动刀甚微，謋然已解，如土委地。

提刀而立，为之四顾，

为之踌躇满志，善刀而藏之。』

文惠君曰：

『善哉！吾闻庖丁之言，得养生焉。』

为什么有一些朋友读国学会读傻

在《养生主》里面，庄子借庖丁这样一个行为艺术家之口，讲述了他在解剖一头牛的过程当中，用自己全副身心去感受当时在整个庙堂之上的节奏。他甚至用自己的刀去感受一头牛身上气脉的运行。

为什么他的刀法有时候快、有时候慢呢？因为一头牛身上骨头的关节、肌肉、筋膜、血管等都有彼此之间的纹理以及内在的气血循环，并共同形成一个小天地。

庖丁用一把很薄却很锋利的刀，"以无厚入有间"。什么是"无厚"？就是很薄的东西。"有间"就是不管多窄，中间都会有缝隙。庖丁迈着合于《桑林》的舞步，手持一把刀，游走在牛的身体里面。

其实，人在做任何事情中的最高境界都会体现出来这样的状况。比如，我们看到一些真正的管理大师在处理公司事务的时候，面对千头万绪、错综复杂的矛盾，他们仍然能够游刃有余，一件事情一件事情地解决，轻轻地将其拨开。

再比如，一些人在经营企业的时候，面对很多冲突和压力，他们仍然会守住自己内在的节奏，认真做自己想做的事情，也能够成就一番伟大的事业。

就像上市企业顺丰，它的营业额和市值相当于申通、圆通、速通的总和。不过，它的运费也是最贵的。为什么在一个普遍讲究性价比，而且大家都是精明人的时代，一家提供不那么便宜的服务的公司却成为最后的王者呢？对此，在朋友圈里面，我觉得有人说得非常好。

他说："顺丰的老板在做快递的时候，是按照自己内心的节奏在走。他在坚持着自己的一些原则，这些原则不是价格而是价值。如果你用价格去跟别人比的时候，你就在比谁更 cheap，谁更贱。只有用真正的价值，用人们觉得即使价格高也愿意为此付出的成本所对应的价值，那才是真正有意义的。"

所以，庖丁在解牛的过程当中，是在用自己的价值向文惠君证明一样东西。这个价值是什么呢？好，我们继续往下看。

行为迟，动刀甚微，谍然已解。

最高级的是，这头牛的身体里面已经被完全解构，而它居然不知道自己已经死了。"啪"的一下，这头牛就像一座房子在内部爆炸似的，连地上的灰尘还没有起来的情况下就倒在地上。然后，庖丁才把刀拔出来。

"提刀而立，为之四顾，为之踌躇满志"——他提刀站立，往四处看一看，悠然自得。

"善刀而藏之"——他把刀很妥当地擦干净并藏好。

这把十九年来从来没有被磨过的刀，居然跟新的一样，可以把一头牛整个剖开。这个庖丁坚持的就是顺着机理做对的事情，一切都会自然打开。

说到这段，让我想起有人说读《庄子》可以让"求道者意其妙……奸邪者济其欲"，如果以身体作为宇宙，发现身体当中的气脉缝隙，这叫"求道者意其妙"。如果一个人真想在职场上混得风生水起，就会发现领导和领导之间、部门和部门之间、同事和领导之间、领导和下属之间的缝隙是极其精妙的，这就是"奸邪者济其欲"。

曾经，我有幸见过一些职场人以"以无厚入有间"这句话为无上心法，能够做到谈笑间，樯橹灰飞烟灭——一些同事不知道怎么回事儿就让老板把对手炒鱿鱼了。

小梁把这句话特意提出来，就是告诉大家《庄子》是一面镜子——你是谁就可以在里面看见什么。庄子说"为善无近名，为恶无近刑"，他的好坏早已超出我们普通人的理解。

　　清朝，在编《四库全书》的时候，人们认为一切正统的、好的、值得提倡的内容都被放在经部，而子部的内容是不好不坏、很难定义的。历史上，韩非子、庄子等人所著的内容很难被中国主流的文化道统所接纳，但这恰恰是中国文化当中的另一面。

　　许多朋友读国学会读傻，就是因为他们只读经部不读子部——因为经部专指儒家的经典。《大学》《中庸》《论语》《孟子》这些被称为儒家经典。而除了所有儒家经典以外，法家、道家、墨家等的著作被归入子部。所有棋谱、小说、风水、命理、奇门遁甲、实用全书等被归入集部，而历史的部分被归入史部。这些被称为"经、史、子、集"。

　　对我们来说，行走于人世间，应当拥有"害人之心不可有""不立于危墙之下""乱邦不入，危邦不居"的智慧。如果不读经部以外的部分，你就无法真正"终其天年"。

　　据我所知，很多真正在家里面教儿女读书的家长，都是让孩子既读经部又读子部，还读历史和观人之术，从而让他们形成在人世间游走的智慧。

打好语文基础，
是一辈子投资回报率最高的事情

那么，究竟该如何学习国学呢？

一方面，要由家长以口传心授的方式告诉孩子人世间的真相；另一方面，要打下比较好的文字和文学功底。比如，从小就让孩子接触《增广贤文》《幼学琼林》等儿童教育读本。

《增广贤文》这本书很有意思，因为它是历朝历代的读书人把最好的文字摘抄下来而形成的文集。所以，把《增广贤文》学完之后，基本上可以把中国各朝各代的优秀文字做总纲，不至于看见风花雪月、夕阳西下等风景的时候，都用"我 ×，好美"这样的话去形容。

我在北京的郊区做了一个小小的私塾，帮助孩子从《山海经》《增广贤文》《幼学琼林》学起，开始为他们打下语文的底子。

语文可以被分成语言与文字、语言与文学以及语言与文化三个阶段。但是，不管以什么方式去学，作为一个中国人，打好语文基础，是这一辈子投资回报率最高的事情。

很多人学不好数学，究其原因，是他们没有看懂应用题到底需要做什么。

聚精会神，戒掉一切得失心

在"庖丁解牛"里面，庖丁说自己的刀已经用了十九年，依然是新的。

"每至于族"，其中"族"是指聚合的地方，就是刀推到筋骨盘根错节的地方。"吾见其难为，怵然为戒"，当看到此处的困难很难解决的时候，他就更加提高警惕。此处，他用了一个"戒"，戒什么？戒"心有旁骛"，戒"心猿意马"，聚精会神而戒掉一切得失心。

无论是做好还是做不好，都不为过去的成绩而骄傲，不为未来可能出现的问题而担忧，活在当下。

所以，用禅宗来解释《庄子》，或者《庄子》本身就是中国禅宗的"祖师爷"，其中不无道理，因为《庄子》的内容完全具有禅宗的况味。

有一天，滴滴最早的投资人王刚和我一起去拜见蔡志忠老师。

王刚问蔡老师："现在，人类已经进入一个新的文明时代，会有什么样的类宗教的东西有别于各种宗教的纷争，可以帮助我们获得心灵上的超脱？"蔡老师说："那就是活在当下的艺术，也就是禅的艺术。"

他认为，**未来人类将会普遍发展出一种新的心灵艺术——不以拜鬼神或崇拜偶像为原则，不以贿赂神佛来换取现在的安乐，为现在做的错事买单，以赎罪为手段，不被一切教义所束缚。**

我无意对任何宗教进行评判，这不是我所了解的事。但是，起码我认为，**如果有一种心灵的练习方法，可以帮助我们"怵然为戒"，戒掉对过去的骄傲和悔恨，戒掉对未来的展望与担忧，戒掉当下各种心猿意马，只**

是专注于当下，这是非常有价值的帮助人们获得解脱、走出恐惧和担忧的方法。

关于这一点，庖丁用解牛的方式做到了。他越面对复杂的困难，越不能够去想该怎么办，只能够屏气凝神、聚精会神。

如何用最小的代价解决人生难题

在生活当中，你正在面临着什么样的困难？到底应该创业还是坚持工作？要不要跳槽？要不要结婚？要不要离婚？孩子成绩不够好，陷入复杂的人事纠纷，亲戚朋友遇上麻烦，自己的身体出现状况……这些都是我们此生中不可避免的困难和纠结。

当面对这些问题的时候，庖丁的生活艺术就是"视为止，行为迟"。他的目光是静止的，不左顾右盼，动作慢下来。

"动刀甚微"，指在用刀的时候很轻很轻、很慢很慢，不动就不会受到伤害，或者受到的伤害就比较小。在这个过程当中，等待着契机的转换。

有时候，把刀推到某个地方，推不动了但牛却依然在动；有时候，牛本身并不是自发地去动，但里面的关节微微发生变化，如果非常精妙地找到了那个缝隙的时候，"唰"地又进去了。

此时的牛"謋然已解"，不知其死也。牛"哗"地一下子被整体解开，就像砌成的乐高玩具突然坍塌成一堆小碎片，摊得满地都是。那个时候，牛还不知道自己已经死了。

打个庸俗的比方，真正的高手不会主动追求女孩，他喜欢的女孩就爱上了他。反过来，有些女孩从来不搔首弄姿，但想让谁爱自己，谁就过来爱自己，想让谁走，谁就消失了。

如果你能想着"我想换一台新电脑"，电脑自己就死机了，你就得到了庖丁的真传——我之前的一位同事就是这样。

有一天，他对我说："我的手机已经用很久了，是不是该换一部手机啊？"结果，他的手机"啪"地就掉到水里了。顿时，他觉得很对不起这部手机，毕竟陪了他那么多年，听了他那么多秘密。于是，他把手机捞了起来。然而，手机确实已经不能再使用了。令人没有想到的是，第二天早上七点十五分，"丁零零"——手机的闹铃声竟然响了起来。

据我的同事描述，当时他就像捧着烈女一样，捧着这部绝不委曲求全，却仍然深明大义的手机。这部手机功成身退，就算不再工作也不会挡着地球转，居然还在第二天早上坚持站好最后一班岗，把闹铃给闹了，就怕主人睡过了。

在给我讲这部手机的时候，这个同事简直就像描述内心的自己一样。我确实也认同这一点——物似主人型，有什么样的人就有什么样的手机。

我这位同事还有一辆车，一直以来都是由他来开，偶尔他父亲也会开。有一天，他把这辆车借给朋友开。结果第二天，他自己开车竟然翻车了，莫名其妙地在街上撞上了中间的隔离墩，整辆车"四脚朝天"。万幸的是，我的同事从车里爬出来的时候安然无恙。他说："这辆车太刚烈了，绝不让人碰它，碰完之后就死给你看。"

这两个故事是真实的，但也可能是偶然的。不过，当我这位同事把这两个故事连在一起讲的时候，我倒也看到了他描述这两个故事时内心的投射。

话说回来，庖丁解牛的时候，把牛解完之后牛不知其死也，"如土委地"，就像土"哗"地散落在地上。此时，庖丁"提刀而立，为之四顾"。他往旁边看看，不停地致感谢词："Thank you.Thank you,ladies and gentlemen,thank you." 顿时，掌声雷动，大家都称赞他真了不起。而庖丁只是稍稍地侧半身，说了一句："Thank you."

然后，庄子用了大家都耳熟能详的成语"踌躇满志"。**人生最大的快乐莫过于在不经意之间搞定事情之后，别人都不知道，自己也不气喘吁吁，就像之前我们说的"至人无极，神人无功，圣人无名"。**

现在，庖丁"善刀而藏之"，很优雅地提着这把刀，擦干净后把它放到刀鞘里。

文惠君曰："善哉！吾闻庖丁之言，得养生焉。"

人世间，所谓解决困难的艺术莫过于此。**如何能够用最小的代价，以巧妙的方式解决问题？而那个问题本身，或者制造问题的人，都没有意识到搞定了，这才是真正的养生之大况味也。**

如果你觉得很累，你觉得很努力，你觉得头发已斑白，你觉得身心俱疲，连觉都睡不好、梦都做不好的时候，一定要反复诵读以上这一段——"视为止，行为迟，谍然已解，如土委地"。一直以来都被称为道家解决问题之无上心法，你难道不觉得极其优美吗？

南老说过："文学上有一句话描写一个人生，由最绚烂而归于最平淡，由最高明而归于最平凡，那样才是成就。这样的成就就是养生之主。"

养生主。

一个人的生命资粮，
与他的遗传、生活的时代、生活的地方有关，
这些形成了大致的生命资粮。

第八章

『自在』最养生

公文轩见右师而惊曰：

『是何人也？恶乎介也？天与？其人与？』

曰：『天也，非人也。

天之生是使独也，

人之貌有与也，

以是知其天也，非人也。』

泽雉十步一啄，百步一饮，不蕲畜乎樊中。

神虽王，不善也。

每一个生命，都有自己的版本

　　讲完"庖丁解牛"这个故事之后，庄子觉得还不过瘾，因为养生这件事情有很多层面。在"庖丁解牛"里面，庄子说的是如果你是一把杀牛刀，在面对纷繁的宇宙世间这头困难重重、问题重重的"牛"的时候，你应该如何把它解决了，而自己也没有受到伤害。这是关于养生的层面。

　　之后，庄子追加了公文轩去见右师的故事，来讲关于生命的另外一面。公文轩，姓公文，名轩。公文是复姓，就像有人姓司徒、有人姓闾丘一样。右师，则是一个人的官名。

公文轩见右师而惊曰："是何人也？恶乎介也？天与？其人与？"

这句话是什么意思？公文轩看到右师后惊叹地说："怎么只有一只脚呢？是天让你生就如此，还是被人砍了呢？"右师回答："天也，非人也。"——看来这是老天让他出生的时候就只有一只脚。

我们都知道，一些人天生就有三只脚，还有一些人天生就有六根手指头。

天之生是使独也，人之貌有与也，以是知其天也，非人也。

这句话大概的意思就是，知道他生下来就只有一只脚，这是天生的，不是人为的。

然后，庄子又举了一个例子。生活在沼泽里面的野鸡，走十步才能啄到一口食，走一百步才能喝上一口水。但是，它并不愿意被畜养在笼子里面。尽管养在笼子里面不必努力地去觅食，好像"很不操劳"的样子，但那是不自在的。

　　这一段故事的点就在"自在"二字。**一切天生天养都有它的道理。**如果天生只有一只脚，非要再装一只不可，那就不对了。因为这样做无论如何都不舒服、不自在。**每一个生命，都有自己的版本。**

　　一只鸡有它生活的方式，它就是走十步才能啄到一小粒米，走一百步才能喝到一口水。但是，如果刻意把它放入笼子里的话，它会不自在。就像本来只有一只脚的人，再给他装一只脚的话，他会不自在，和自己出厂设备的版本不兼容。

　　很多人看到这一段的时候，都觉得这种态度太不积极了，怎么能这样呢？

　　南老说："这个故事告诉我们，生命活着，每个人各有他独立的生命价值，不需要受别人、受环境的影响。而真正的生命价值呢，要效法天然，超越这个樊笼之外，要打破这个环境，自己要有打破环境的能力，创造天然的生命。"

　　庄子正是用"自在"来告诉我们，与生俱来的版本才最适合自己，自在本身最养生。

"生"就是变化，"命"就是版本

有很多人天生并不漂亮，却经过后天种种努力，把自己"磨"得很漂亮。但是，在最关键的时刻，他们会暴露自己从小不漂亮并为此感到自卑的神情。这样的状态是丑的，**本身长得漂亮或不漂亮不是问题，问题是为自己长得不漂亮而纠结这件事情本身才更让人难过。**

现在流行一种说法——一家公司，当它是大公司的时候，它是一种生态，需要用生态自我平衡法才能够管得好。如果管生态性公司像管理一家小公司一样，规定每件事情的操作流程，做到无缝对接，无限设计各种KPI（关键绩效指标，Key Performance Indicators 的简称）等，或许只会让生态崩盘。

同样的道理，每一件事情都有自在的命盘。

如果你是射手座，就不要强迫自己改造成为处女座，你就可以成为自在的射手座；如果你是处女座，也不要强迫自己成为摩羯座，你就成为自在的处女座吧，尽管去批评他人，无情地否定他人，看到别人的全部缺点……不要为此感到愧疚，因为处女座的人也是这样对待自己的。

有一次，我采访彼得·圣吉先生（当代杰出的新管理学大师之一）。他说："我们必须知道，现代教育所谓的一年级、二年级、三年级等，其实是人类工业文明以后所发展出来的，它的整个设计规则，是为了符合像福特这样的汽车大公司或者钢铁制造公司的分级训练，把人格式化的需求。"

所以，当今教育面临的改革就是，以前那种级别很分明、体系很严密的像工厂一样的流水线逻辑，已经被万物并举的生态化模式所取代，而我们的教育格式，却没有因此发生与之相应的变化。这就是现在很多公司就算回到美国，要求抢回所失去的工作的人，也未必能够工作下去的原因，因为他们以前受到的工作训练和职业训练已经和现在许多产业的发展方式不一样了。

未来的企业或者组织会变得越来越像一个又一个小的联邦体——合伙人制，将会从律师、会计师这类行业发展到各个行业。因为知识创作变得越来越重要，而借由固化的阶层体系所形成的组织变得越来越不适应现在这种竞争态势。所以，教育也越来越应该走向非结构化的方向。

我听说，有一所小学的课程安排既不完全按照语文、数学等学科来分科，也不完全按照一年级、二年级、三年级等年级去划分学生的教育程度。整个小学就是学六十个关键词，比如第一个关键词叫"生命"。同学们就和老师一起，去学习跟生命有关的中国文化、英语单词、音乐（东方音乐和西方音乐）、动植物等相关内容。

经过六年的时间，通过这种以关键词为核心的教育方式，同学们学习了六十个关键词，其实就是六十个主题化的内容。而且在这个过程当中，除了内容的学习之外，同学们还能得到相关技能的培训和体验的机会。受过这样训练的同学，进入职场以后会很快根据新的项目——关键词，去组合所有能够找到的资源。

我举这个学校的例子，就是想跟大家分享，我认为这样的方式才是真正符合未来竞争力的教育方式。"生"就是变化，"命"就是版本，一个人出生时只有一条腿，他的版本就是一条腿的版本。版本有小版本、小程序，也有大版本——"共同程序"。

每个人都要看到他既有自己的命——单机版，也要看到他要与别人形成命运共同体，那是他生命更大层面的版本。

例如，如果一群人都开通了微博，虽然可以有发展自己的内容的方式，但发微博的格式必须按照微博设计的模式，你得按照王高飞老师（微博CEO）设计的方式来玩。如果你要去做微信公众号，你得按照张小龙老师（微信创始人）设计的版本来玩，这叫什么呢？这就不是单机版，而是联机版。

不管以什么样的版本活，你都必须去做符合这个版本本身的行为，我们称这种与之相洽的状态为"自在"。当你的行为和你的版本是自洽的时候，你就不会受伤，软件硬件都运行得很流畅。

如果你在微博上用微信的做法，在微信上用微博的方法，在移动互联网时代用 PC 时代的方法来做事情，就必然不能达到颐养天年的状态，不能做到真正意义上的养生。

所以在庄子看来，养生是一个非常宏观的概念，用"一只脚的右师和天生野外放养的鸡"的故事来讲"待其时而安其命"的道理。

我以微信和微博为例，也讲了学校教育的故事，都在讲同样一个道理，让你的行为和你的版本相融，这个东西叫"自在"。

自在之后，自然就能够睡个好觉。

我们究竟活在业力世界里
还是愿力世界里

　　上一篇我们讲到，公文轩发现右师只有一只脚，以及沼泽地里的野鸡走十步才能吃一粒米，走一百步才能喝到一口水的命运。然后，有人问了我一个深刻的问题："到底我们人生应该是尊崇自己命运的安排呢，还是要努力地突破自己命运版本的限制？"

　　这个问题真的非常好。究其本质，他提出了一个很深刻的问题——**到底人生的业力重要，还是愿力重要？我们到底是活在一个业力世界，还是活在一个愿力世界？**

稻盛和夫先生说:"我们的人生如果用坐标系来说的话,X轴就是业力,Y轴就是愿力,X轴同时代表时间。"

小的时候,我们的愿力很小,受业力影响很大,我们的主观能动性发挥得很少。比如,我们出生在什么地方,我们的父母是谁,我们上什么样的小学,基本上这些是我们不能决定的。那时候,我们处于抛物线的底端。

但是,随着我们的年龄渐长,我们可以通过自己的主观努力,也就是发挥我们的愿力,改变自己的命运,逐步脱离业力的"地心引力"的影响,形成一条抛物线。

人生过了一个阶段后,你最后还得回归业力,就像孔子所说的"从心所欲不逾矩",还是在游戏规则里面获取规则里面的自由。

《中庸》里面有"能尽其性,则能尽人之性;能尽人之性,则能尽物之性;能尽物之性,则可以赞天地之化育;可以赞天地之化育,则可以与天地参矣"。

大概的意思就是，一个人要能够看到自己的生命版本的基础是什么，然后尽可能用好的操作系统去运行这个版本。

如果能够把自己的版本运行好，你就能够帮助别人把版本也运行好。如果你和别人的版本都运行好，之后你就能够很好地帮助世间的有机物和无机物各按其性去运行，做它们本来应该做的事情。

铁就做铁的事儿，橡胶就做橡胶的事儿，硅胶就做硅胶的事儿，这样就能"与天地参"了，就是合于世界的游戏规则。

做力所不及的事情会有什么后果

基本上，小梁的人生态度就像我们以前讨论的人生波段一样，"知位守位，知权达变"（冯学成老师语）。大部分时候，守住自己现在的角色，知雄守雌，但当机会来临，迫不得已推动你变化的时候，你也可以变化。

就像一条鱼，它可不可以变成龙呢？

大部分时候，它很难进化成龙。如果是一款游戏中的鱼，经过各种游戏闯关，一般情况下它也很难变成龙。不过，如果玩游戏的人特别执着，叫上兄弟姐妹一起帮他玩儿，还各种外挂，它也可以从一条鱼变成一条龙。但是，这是有代价的。这个代价，就是最后不能够长生久视。

举一个现实中的例子来帮助大家理解，一个挺聪明的人学会一些魔术或者超能力，一会儿可以变出一条蛇，一会儿可以隔空取物……

如果这个人隐姓埋名或者控制自己的欲望，他也可以活得比较好。但是，如果他一定要首富毕恭毕敬地见他并站在他的身后拍照，和那么多女明星在一起，形成很大的影响力，那么他的能量就会被损耗。

短时间之内，他或许会突破一些命运版本的限制，用大愿力做出很大的事情，名闻天下。但是，他可能没有活到北京市民的平均寿命（北京市民平均寿命已经超过八十岁）。

为什么一个这么了不起，可以天天给别人"治病"的人，却活不到平均寿命呢？究其原因，还是这个人发了过大的愿，而且这个愿不是为苍生的。药师佛十二大愿、观音十二大愿以及普贤菩萨十大愿，这些愿望都不是为自己。

当一个人发的愿是为别人、为苍生的时候，可能他生命维持的能力会加强（只是可能）。完全无视自己的命运底层代码，非做力所不及的事情不可，一定会产生某种反作用力。

一个人的生命资粮，与他的遗传、生活的时代、生活的地方有关，这些形成了大致的生命资粮。

我们可以通过节约使用生命资粮，广种福田来提高生命质量，但如果没有做到这些，强行用各种手段，把本来不属于自己的东西，整合为自己所用，又不能够为更多人带来福祉的话，只会招来妒忌，生命的长度就会受到影响。换言之，就是没有养生。

庄子在《养生主》里面讲养生四大状态——"可以保身，可以全生，可以养亲，可以尽年"。衡量养生到不到位，这十六个字足矣。

有一次，我和香港理工大学的前校长潘宗光教授讨论这个话题，他的核心观点特别有趣。他说："佛家不光讲要慈悲，还要有智慧。就是说你做好事发愿力，也要有善巧方便的智慧，这样才能够养其性，保其天年，悲智双蕴。光有慈悲没有智慧，会受损伤；光有智慧没有慈悲，会招人妒忌。"

庄子提到的这个故事，究其本质，还是在讲要意识到你的生命版本是什么。当然，这个版本放在不同时代有不同的讨论，我们称之为"外界因缘不同"。

举个例子，以前一台机器只能播放 VCD，后来出现一些机器可以播放 DVD 和 VCD，还出现了各种具有超强纠错功能的超级播放器，甚至可以连接网络播放云音乐。

如果你的生命是 VCD 的版本，在这个时代因缘没有出现超级播放器的时候，你就只能去找一个 VCD 播放器。如果你运气好，熬到了超级播放器这种操作系统出来的时候，你的生命的版本兼容性又不一样了。

为什么道家讲"长生久视"，就是只要你活着就有无

限的机会。

　　活得久，真的是一件很有意义的事情。但**活得久，最重要的法门是什么呢? 南老说过:"佛教道教我还是相信睡觉，中药西药也不如九点睡觉。"**

知识会给我们带来焦虑，只有明白道理之后，才可以随时创造知识，随时删除知识。不为知识所绑架，不被信息流所冲垮，被视为养生之道。

第九章

读完《庄子》，还有什么不能兼容

老聃死，秦失吊之，三号而出。

弟子曰：「非夫子之友邪？」

曰：「然。」

「然则吊焉若此可乎？」

曰：「然。始也吾以为其人也，而今非也。向吾入而吊焉，有老者哭之，如哭其子；少者哭之，如哭其母。彼其所以会之，必有不蕲言而言，不蕲哭而哭者。是遁天倍情，忘其所受，古者谓之遁天之刑。适来，夫子时也；适去，夫子顺也。安时而处顺，哀乐不能入也，古者谓是帝之县解。」

指穷于为薪，火传也，不知其尽也。

让灵魂在身体里多待几年，
而且身体还不至于变坏

《养生主》的最后一句话，是"指穷于为薪，火传也，不知其尽也"。"薪火相传"这个成语就出自于此。还有一些成语也出自《养生主》，比如游刃有余、庖丁解牛、踌躇满志等。

我们随便念出来的成语里面，估计有相当一部分都来自《庄子》，这就是庄子伟大的原因。这个遥远的瘦瘦的小老头，用他的思维，力透两千年，构成了我们意识里面底层的数据。你不觉得他的能量很大吗？

他最后讲到"薪火相传"，就是蜡烛和木材烧尽之后，火种留了下来，你可以用别的蜡烛和木材把这团火继续延续下去。这句话讲到这里，已经非常清楚了。"生"是什么？生就是那团延续下来却没有固定形状的火。

你是谁？

在微信朋友圈里面，你就是一个微信号；在今日头条里面，你就是一个头条号；在微博里面，你就是一个微博账号；在邮件系统里面，你就是一个邮件号。各种不同的号汇聚在一起，就成为你的生命。而硬件可以由PC到手机、音箱、眼镜……

如果那些姑且被称为软件的部分，是一大堆信息流和合的？那么，你的硬件——身体，就是接收、储存、发送信息的物件。

很多人在养生的时候都很关注身体。如果你的手机摔坏了，也许你会找一些胶水把它粘一下，所以有人吃各种版本的阿胶，本质上就是把身体"粘"一下；如果你的手机没电了，你得去充一下电，所以你要睡觉，需要黄芪、人参等来补气，诸如此类。

但是，真正让这款应用在这个硬件里面多玩几年，就像我们大部分人的人生小目标，就是让灵魂在身体里面多待几年，而且身体还不至于坏，怎么办？

从低层次上来说，你可以每天擦拭这部手机，不让它摔坏，给它戴保护套，这些都是保全手机的方法。但是，如果你在手机里面装太多软件，应用版本在迅速迭代，也许这部手机本身还没坏的时候，你已经迫不及待地想换一款新手机了，因为内存只有 16G，实在是装不下太多东西。

大部分时候，你的手机真的是用到不能用才换吗？不是的。大部分情况是，手机还没有烂到不能用，只是操作系统、软件或者承载信息流的各种应用不够新，储存空间不足，你觉得不够用，就换了。或者，诸如镜头、屏幕等配置达不到更大的目标（我们称之为"欲望"）的时候，这个机器还好好的，就被你废掉了。

明白了这一点，你再去看《养生主》的第一句话："吾生也有涯，而知也无涯，以有涯随无涯，殆已。"

有一位中医大师曾说，一个人得了很重的病，如果他的主观意识想活的话，跌跌撞撞、磕磕碰碰，还能拖五年、六年、八年、十年……一个身体特别好的人，如果他的灵魂想超越，不想在这儿待着了，走出去，从五十层楼跳下来，就结束了。

在 iPhone 7 推出的时候，一些人的手机"啪"的一声，有意无意地摔坏了。于是，他们在心里暗自高兴：哇，真棒，又得买新的手机了。想想看，这是不是一个很愚蠢的想法呢？

那么，养生的核心是什么呢？是不要装那么多 APP 应用，不要打开那么多不安全的网站，不要搞那么多数据存储，能打电话，能接收微信，在微信里面设置一些功能，让发过来的图片不保存，确保 16G 内存的手机也能够用到颐养天年。

庄子说的"四个可以"——"可以保身，可以全生，可以养亲，可以尽年。"这就是《养生主》所讲的东西。

理解道理以后，哪里都是道理

如何让你的手机用到尽可能久？最好的方法，就是尽可能不升级版本，尽可能少下载信息，下载得越多，手机中毒的可能性越大，死机的概率越高。

小梁在所谓中医界、养生界观察游走多年，一言以蔽之，所谓养生，无非就是三件事（还是以手机为例）：

第一，给手机戴上各种壳，防止摔。

第二，如果摔坏了，有点儿磕磕碰碰，赶紧补。

第三，解决这个问题的根本性策略在于少用、不升级，尽量不要进行大规模数据处理，避免死机。

当然，每天保持手机充好电，也是需要的。

不过，说到运行操作系统和硬件的关系，有一位朋友提出了一个特别有趣的问题，他以前用的是 Windows Mobile，运行的是 Windows 系统，死扛了七年，而别人都在用各种 APP。那部手机也还可以，但由于他被想要新款手机的想法所裹挟，只能抛弃还能用的手机，换了能够装各种 APP 的新手机。

这恰好是人这种硬件（身体）和手机的不同。我们人可以装一些基础的软件——广谱全能通操作系统。iOS 系统能装，安卓系统能装，塞班系统能装，Windows 系统也能装，什么都能装，从不抗拒，用庄子的话来说，是"为善无近名，为恶无近刑"。

它超越时间、真假、对错以及好坏的概念，不是必须装 iOS 系统，也不是必须装安卓系统——都可以。如果你以 iOS 系统为正确的，安卓系统就是错误的；如果你以 Windows 系统为正确的，以上两者也是错误。

作为一个灵魂意识版本，《庄子》就是这样一个广谱万能通底层代码，读完《庄子》以后，你觉得什么系统都能兼容。

为什么我们要讲《庄子》？是因为我们要用《庄子》帮助大家构建一个广谱的操作底层系统，成为全球万能通。

你会不会觉得我把这件事情讲得太直白，太入世，太接近我们的现实生活场景，显得不够高级？

在那个年代，庄子用鸟，用鱼，用大家熟悉的老聃的故事，用一个屠夫的故事来讲道理。这种方式和我们今天用安卓系统、iOS 系统、微信、Echo 音箱、今日头条来讲道理，有何不同？

最后，庄子在《养生主》里告诉我们，尊重自己的硬件的局限性，不随便装太多软件，节省用电，按规律使用身体，有裂缝好好补，但是——

您的所有生命意志、信息、精神都可以像火一样传下去的——在这样一个生命数字可能会被永远保留的今天，我们的永生也许是以数字的方式留了下来。将来以某种方式下载到某个干细胞生成的身体或一辆车里。这件事可以永不穷尽（火传也，不知其尽也），让你的信息永存。因为这才是你的主。

养生的一切意义，就是养主！

《庄子·内篇·养生主》

吾生也有涯，而知也无涯，以有涯随无涯，殆已！已而为知者，殆而已矣！为善无近名，为恶无近刑，缘督以为经，可以保身，可以全生，可以养亲，可以尽年。

庖丁为文惠君解牛，手之所触，肩之所倚，足之所履，膝之所踦（yǐ），砉（huā）然响然，奏刀騞（huō）然，莫不中音，合于《桑林》之舞，乃中《经首》之会。

文惠君曰："嘻，善哉！技盖至此乎？"

庖丁释刀对曰："臣之所好者道也，进乎技矣。始臣之解牛之时，所见无非全牛者；三年之后，未尝见全牛也；方今之时，臣以神遇而不以目视，官知止而神欲行。依乎天理，批大郤，导大窾（kuǎn），因其固然。技经肯綮（qìng）之未尝，而况大軱乎！良庖岁更刀，割也；族庖月更刀，折也。今臣之刀十九年矣，所解数千牛矣，而刀刃若新发于硎（xíng）。彼节者有间而刀刃者无厚，以无厚入有间，恢恢乎其于游刃必有余地矣。是以十九年而刀刃若新发于硎。虽然，每至于族，吾见其难为，怵（chù）然为戒，视为止，行为迟，动刀甚微，謋（huō）然已解，如土委地。提刀而立，为之四顾，为之踌躇满志，善刀而藏之。"

文惠君曰："善哉！吾闻庖丁之言，得养生焉。"

公文轩见右师而惊曰："是何人也？恶乎介也？天与？其人与？"曰："天也，非人也。天之生是使独也，人之貌有与也，以是知其天也，非人也。"

泽雉十步一啄，百步一饮，不蕲（qí）畜乎樊中。神虽王，不善也。

老聃死，秦失吊之，三号而出。

弟子曰："非夫子之友邪？"

曰："然。"

"然则吊焉若此可乎？"

曰："然。始也吾以为其人也，而今非也。向吾入而吊焉，有老者哭之，如哭其子；少者哭之，如哭其母。彼其所以会之，必有不蕲言而言，不蕲哭而哭者。是遁天倍情，忘其所受，古者谓之遁天之刑。适来，夫子时也；适去，夫子顺也。安时而处顺，哀乐不能入也，古者谓是帝之县（xuán）解。"

指穷于为薪，火传也，不知其尽也。

梁冬

正安康健创始人、正安自在睡觉创始人、冬吴文化创始人。

与生命本质的多维度跨界相关的《生命》系列纪录片出品人及主持人。电台节目《冬吴相对论》《冬吴同学会》主讲人，深受广大听众的喜爱，节目被苹果App iTunes 评为"年度最受欢迎社会经济类谈话节目"。喜马拉雅FM电台精品节目《庄子的心灵自由之路》主讲人。电视节目《国学堂》主讲人，《新周刊》"2012年度生活家"。

曾任百度副总裁，凤凰卫视主持人及主编。

出版图书：《处处见生机》、《唐太宗的枕边书——梁言群书治要》、《黄帝内经说什么》系列（与徐文兵先生合著）、冬吴相对论·心时代文集之《欢喜》《无畏》（与吴伯凡先生合著）……

感谢喜马拉雅建军、小雨、兴仁团队对本书的大力支持

感谢夏、志、思同学对本书的倾情付出

图书在版编目（CIP）数据

梁冬说庄子·养生主 / 梁冬著. — 广州：广东人
民出版社, 2017.10（2023.10重印）
　　ISBN 978-7-218-12023-2

　　Ⅰ.①梁…　Ⅱ.①梁…　Ⅲ.①《庄子》—研究　Ⅳ.
①B223.55

中国版本图书馆CIP数据核字(2017)第220752号

LIANGDONGSHUOZHUANGZI　YANGSHENGZHU
梁 冬 说 庄 子 · 养 生 主
梁冬　著

出 版 人：肖风华

责任编辑：李　敏
责任技编：周　杰　易志华
监　　制：黄　利　万　夏
特约编辑：马　松
营销支持：曹莉丽
装帧设计：紫图装帧

出版发行：广东人民出版社
地　　址：广东省广州市越秀区大沙头四马路10号（邮政编码：510199）
电　　话：(020)85716809(总编室)
传　　真：(020)83289585
网　　址：http://www.gdpph.com
印　　刷：北京中科印刷有限公司
开　　本：880mm×1230mm　1/32
印　　张：5.5　　　　　　字　数：100千
版　　次：2017年10月第1版
印　　次：2023年10月第4次印刷
定　　价：49.90元

如发现印装质量问题，影响阅读，请与出版社（020-85716849）联系调换。
售书热线：（020）87716172

梁冬 说庄子。

养生主

——钦定四库全书《庄子·养生主》手抄本——

莊子內篇養生主第三

也夫生以養存則養生者理之極
也若乃養過其極以養傷生非
養生之主也也○音義
田養生以此為主也

吾生也有涯涯所稟之分各有極也○
涯本又作崖魚佳反

而知也無涯夫舉
重擔
輕而神氣自若此力之所限也而尚名好勝者雖復絕
脊猶未足以慊其願此知之無涯也故知之為名生於
失當而減於冥極冥極者任其至分而無豪銖之加是
故雖負萬鈞苟當其所能則忽然不知重之在身雖應
萬機泯然不覺事之在已此養生之主也○知音智注
下同好呼報反勝升證反復扶又反下皆同脊音旅慊
苦簞反 以有涯隨無涯殆已以有限之性尋無極之知
足也 安得而不困哉○殆已向
云疲困 已而為知者殆而已矣已困於知而不知止又
之謂 為知以救之斯養而傷

之者真

為善無近名為惡無近刑忘善惡而居中任萬物之自為悶然與至當為一故刑名遠已而全理在身也○近附近之近下同悶亡本反又音門遠于萬反

緣督以為經緣順也督中也經常也郭崔同李順中以為常也○緣督以為經

可以保身可以全生苟得中而冥度則事事無不可

可以養親養親以適○養羊尚反注同

可以盡年也夫養生非求過分蓋全理盡年而已矣

庖丁為文惠君解牛手之所觸肩之所倚足之所履膝之所踦砉然嚮然奏刀騞然莫不中音合於桑林之舞乃中經首之會言其因便施巧無不開解盡理之甚既適牛理又合音節○庖丁崔本作胞同白交反庖人丁其名也管子有屠牛坦一朝解九牛力可剃毛為于丁

偽反文惠君崔司馬云梁惠王也倚徐於綺反向偃彼
反徐又於佇反李音妖踦徐居彼反向魚彼反李云刺
也恙然向呼鴟反鴟反徐許鴟反崔音畫又古鴟反李又呼
歷反司馬云皮骨相離聲騞然許丈反郭許亮反本或呼
無然字奏如字崔云聞也騞呼獲反徐許鴟反向他亦
反又音麥崔云音近獲聲大於恙也中丁仲反下皆同
桑林司馬云湯樂名崔云宋舞樂名案即左傳舞師題
以旌首向司馬云咸池樂章也崔云樂章名
也或云奏樂名便　文惠君曰嘻善哉技蓋至此乎庖丁
婢面反解音蟹

釋刀對曰臣之所好者道也進乎技矣
也○嘻徐音熙李云歎聲也技耳所好者非技
其綺反下同好呼報反注同始臣之解牛之時所見
直寄道理於技

無非牛者其理間三年之後未嘗見全牛也但見其方
未能見　理間也

今之時臣以神遇而不以目視闇與理會謂之神遇向云

官知止而神欲行字崔云官知縱心而順理○官知如字向云從有所掌在也向音智

專所司察而後動謂之官智而神欲行如

字向云從手放意無心而得謂之神欲行

也批大郤鋪迷反字林云擊也父迷父節二反郤徐去

截有際之處因而批之令離○批備結反一音

也批大郤鋪迷反字林云擊也父迷父節二反郤徐去

逆反郭音郤崔李云間也處昌反

處反令力呈反下同離力智反

注同竅苦管反又苦禾反崔郭戶買反因其固然妄加技經肯

司馬云空也向音空解戶買反

導大竅令殊○導音道節解竅空就導

縈之未嘗○技之妙也常遊刃於空未嘗經礙於微礙也

縈之未嘗○技本或作猗其綺反徐音技肯徐苦等反

說文作肎字林同口乃反云著骨肉也一曰骨無肉也縈苦挺反崔向徐並

崔云許叔重曰骨間肉肯著也

音啟李烏係反又一音罄司馬云

猶結處也綮古代反礎五代反

刃也○大輒音孤向云輒戾大

骨也崔云礐結骨䐈女六反

而況大輒乎
輒戾大
骨䐈刀
不中其理

良庖歲更刀割也
其理

間也○良庖司馬云良善也割司馬云以刀
割肉故歲歲更作崔云歲一易刀猶堪割也

刀折也
中骨而折刀也○族馬云族離也崔云族眾也

今臣之刀十九年矣

族庖司馬
族庖月更

所解數千牛矣而刀刃若新發於硎
硎刑磨石也崔本作
硎砥石也○硎音

形云新所受形也砥音脂又之履
反尚書傳云砥細於礪皆磨石也

彼節者有間而刀刃
彼節者有間而刀刃

者無厚以無厚入有間恢恢乎其於遊刃必有餘地矣

是以十九年而刀刃若新發於硎雖然每至於族吾見

其難為結為族怵然為戒視為止○不復屬目於他物也為于偽反下皆同

行為遲徐其手也動刀甚微謋然已解得其宜則用力少○謋化百反徐又許百反解音蟹下皆同如土委地理解而無刀迹若聚土也提刀而立為之四顧

為之躊躇滿志逸足容豫自得之謂○提徒稽反躊直留反躇直於反

之猶拭也拭音式謋他刀反拭刀而謋之也○善刀善反文惠君曰善哉吾聞庖丁善刀而藏

之言得養生焉知生亦可養故以刀可養故公文軒見右師而驚曰是

何人也惡乎介也介偏刖之名○文氏名軒宋人也右師司馬云宋人公文軒司馬云姓公

也簡文云官名惡音烏介音戒一音兀司馬云刖也向郭云偏刖也崔本作兀又作跀云斷足也刖音月又五

刮
反天與其人與

知之所無奈何天也犯其所知人也○
天與其人與逝音餘又皆如字司馬云

為天命為人事也 偏刖曰獨
曰天也非人也天之生是使獨也夫師一家

之知而必求兩全則心神内困而形骸外獏矣豈直偏
之知而不能兩存其足則是知其無所奈何若以右師

刖而已哉○獨司馬云一人之貌有與也兩足共行曰
足曰獨知音智下之知同人之貌有與之

其非命也以是知其天也非人也
貌未有命也以是知其天也非人也獨者亦非我也是以

者不務命之所無奈何也全其自然而已
達生之情者不務生之所無所為達命之情

一啄百步一飲不蘄畜乎樊中
澤雉十步
蘄求也樊所以籠雉也夫俯仰乎天地之間逍

遙乎自得之塲固養生之妙處也又何求於入籠而服
養哉○啄陟角反蘄音祈求也樊中音煩李云藩也所

以籠罪也向郭同崔以
為圍中也處昌慮反

神雖王不善也

也雖心神長玉志氣盈豫而自放於清曠之地忽然不
覺善之為善也○王于況反注同長丁亮反又直良反

夫始乎適而未
嘗不適者忘適
者忘適

老聃死秦失弔之三號而出

聃吐藍反司馬云老子也人弔亦弔人號亦號○老
怪其不弔

失本又作佚各依字讀亦
皆音逸號戶羔反注同

弟子曰非夫子之友邪

戶觀化乃至三號
也○倚於綺反

曰然然則弔焉若此可乎曰然至人無情

與眾號耳故
若斯可也

始也吾以為其人也而今非也向吾入而

弔焉有老者哭之如哭其子少者哭之如哭其母彼其

所以會之必有不蘄言而言不蘄哭而哭者嫌其先物在

理上往故致此甚愛也○少詩照反　是遁天倍情忘其

先悉薦反又如字上往一本往作佳

所受遁反又作過倍音裴加也又布對反本又作背

天性所受各有本分不可逃亦不可加○遁天徒

性情已困庸非刑哉○深音泰樂音洛下文注同　適來夫子時也生也適去夫

古者謂之遁天之刑馳驚於憂樂之境雖楚戮未加而感物太深不止於當遁天者也將

子順也死也理當　安時而處順哀樂不能入也夫哀樂生於失得也今玄

通合變之士無時而不安無順而不處冥然與造化為一則無往而非我矣將何得何失孰死孰生哉故任其

所受而哀樂無所錯其間矣○錯七路反　古者謂是帝之縣解縣以有係者為

縣解也縣解而性命之情得矣此養生之要也○縣則無係者指窮

縣音玄解音蟹注同崔云以生為縣以死為解

於為薪火傳也

窮盡也為薪猶前薪也前薪以指盡
前薪之理故火傳而不減心得納養之

中故命續而不絕明夫養生乃生之所以生也○指窮
於為薪如字絕句為猶前也傳直專反注同也傳者相

傳繼續也崔云薪火燼
火也傳延也中丁仲反　不知其盡也　夫時不再來今不

一息一得耳向息非今息故納養而命續前火非後火
故為薪而火傳火傳而命續由夫養得其極也世豈知

其盡而
更生哉

養生主。